Strade b

Simonetta Agnello Hornby - Costanza Gravina

LA CUNTINTIZZA

Piccole ragioni della bellezza del vivere

MONDADORI

⚠ mondadori.it

La cuntintizza
di Simonetta Agnello Hornby - Costanza Gravina
Collezione Strade blu

ISBN 978-88-04-74660-7

© 2022 Mondadori Libri S.p.A., Milano
I edizione aprile 2022

La cuntintizza

Ouverture

Non la scopriamo ora. La conosciamo da sempre. Ma qui, in questo libro, le abbiamo dato un nome, l'abbiamo riconosciuta dentro una parola semplice che ricorre nel nostro dialetto ma è così accogliente, è così musicale che suona universale. Deve essere quella, deve essere *cuntintizza* perché non stiamo parlando propriamente di contentezza, né di soddisfazione, né di allegria, non possiamo smuovere un concetto troppo vasto come felicità né possiamo accontentarci di serenità.

La *cuntintizza* ha a che fare con la pace ma include anche una vaga, seducente inquietudine, uno sfrigolio che vuole restare chiuso lì dov'è, come se fosse una pallina di zucchero che profuma di cannella, una pallina in fondo all'anima, qualcosa di piccolo che si scioglie e per un attimo addolcisce il tutto e subito si consuma.

Di questa pallina stiamo parlando, di *cuntintizza*, e delle piccole buone ragioni della bellezza del vivere. Che sono davvero numerose e forse ben sopportano un catalogo, ma spesso maturano solitarie, inattese, e hanno bisogno di un posto a sé, tanto sono speciali e insofferenti alle didascalie.

Abbiamo voluto parlare e scrivere della *cuntintizza* come la conosciamo noi due, senza alcuna ambizione accademica che abbia a che fare con questo nostro racconto a frammenti, imperniato sulle luci che si accendono quando ci sentiamo in pace con il mondo: ci limitiamo a raccontare quando si accendono e come lo fanno. Sappiamo che i confini di questa insolita disciplina sono incerti, ed è bello sapere che lo sono. Anche perché potremmo trovarci a includere fra le forme di *cuntintizza* persino quella, delicatissima, che balena da un bacio non dato, da un evento non accaduto, da una speranza che si è assopita per via.

Nonostante apparteniamo a generazioni diverse non ci siamo mai sentite distanti. Per scrivere questo libro, siamo andate vagando per sensazioni che si sono rivelate comuni, per strade che finiscono sempre per condurci alla tastiera di quei palpiti che sono la partitura della *cuntintizza*. C'è un po' di saggezza in questo libro, e c'è un po' di leggerezza, c'è il nostro mondo, la sua dolcezza e la sua antica esperienza. C'è tanto amore per le nostre famiglie e per i nostri rispettivi genitori. E oggi c'è, mentre chiudiamo il libro, un pensiero, inevitabile, che va a chi sta patendo il conflitto in Ucraina; e va allo strazio di una ferita aperta da San Pietroburgo a Kiev che, a fronte del disastro della guerra, fa di due popoli un solo popolo. Siamo inseguite dai tempi, che non sono tempi felici. Non lo sono. E tanto più ci è caro ciò che fiorisce con l'ostinazione e con la grazia della ginestra.

Simonetta Agnello Hornby
Costanza Gravina

Post scriptum
Ci riconoscerete facilmente, come tasti di un pianoforte:
Simonetta Agnello Hornby in tondo
Costanza Gravina in corsivo

LA CUNTINTIZZA È UNO STATO D'ANIMO

Ognuno ha la sua cuntintizza

Negli ultimi quarant'anni la civiltà della Rete ha rivoluzionato il lavoro, i rapporti umani e ha indubbiamente portato benessere. Uno dei più evidenti effetti negativi, al contrario, è stato quello di agire sul fronte relazionale: indiscutibilmente, le persone hanno meno rapporti diretti tra di loro. Viviamo in un mondo che cambia di continuo, e fino a lì tutto bene. Non abbiamo certo paura delle trasformazioni: cambia la moda, cambia il cibo, cambiano i gusti, cambia la famiglia, cambia la morale e cambia il modo di vivere degli esseri umani. Eppure. Eppure qualcosa è successo, la percezione che abbiamo di noi stessi e di noi stessi nel mondo, nonché di questo incessante processo di cambiamento, ha subito una scossa.

È ironico che nonostante si comunichi con inimmaginabile facilità con tanti "amici", in realtà siamo sempre più solitari e ci impoveriamo emotivamente. Ci troviamo di fronte a una crescita esponenziale del malessere psichico, della povertà, delle tentazioni sovraniste: in una parola, dobbiamo fare i conti senza volerlo veramente con la graduale morte della democrazia. Più vediamo sullo schermo le sofferenze umane, meno facciamo per migliorare il mondo e la vita dei suoi abitanti. Ci sono ricchi che rigettano la miseria altrui o addirittura la disconoscono, si chiudono nelle fortezze del lusso, e sono pochi i miliardari che hanno come modello Bill Gates e Warren Buffett, benefattori dell'umanità. Noi cittadini europei ci consideriamo civili e indipendenti. Non ci rendiamo conto di essere invece sorvegliati e controllati dai veri padroni del mondo: le grandi società multinazionali dell'Occidente – a cominciare da quelle che creano e controllano la tecnologia del cellulare che teniamo in tasca – e certe nazioni come la Russia e la Cina, determinate a penetrare nel mondo occidentale senza tanti scrupoli.

In Europa, nell'isolamento dovuto al Covid-19, coloro che hanno una connessione internet e disponibilità economiche possono procurarsi tutto ciò che serve e di più, comprando online dal cibo agli elettrodomestici, all'abbigliamento, dalle lezioni private alle diagnosi mediche, fino al piacere sessuale, con la conseguente impennata della pornografia (non soltanto quella online), sempre di più virata sulla violenza e sugli stupri.

Gli omicidi tra giovanissimi – di branco e quelli *one-to-one* all'interno della famiglia – in questi anni di pandemia sono aumentati a una velocità sconcertante, a partire dalla nostra Europa, e così anche la violenza sugli anziani. Tutto ciò va a discapito dei tradizionali rapporti tra esseri umani, della fisionomia protettiva del nucleo famigliare.

Devo ammetterlo: la materia di cui è fatta la cuntintizza è tornata prepotentemente a imporsi dentro di me nel tempo monco del Coronavirus, è diventata il mio il filo di speranza e di conforto. Mi ci sono aggrappata agli inizi del lockdown; non c'è creatura al mondo che non voglia raggiungerla istintivamente, quasi senza rendersene conto. In fondo, riconoscersi "affetti" da cuntintizza fa parte del nostro istinto di sopravvivenza.

Ma cos'è la cuntintizza? In che consiste? La cuntintizza è uno stato d'animo, una condizione di appagamento e soddisfazione, un sentimento d'amore verso il prossimo o verso un ideale, e un'aspirazione di tutti gli esseri umani nonché degli animali.

Non ho ricordi della mia infanzia privi di cuntintizza. La riconoscevo: si presentava attraverso l'affetto dei miei genitori, il piacere della compagnia dei cugini per parte di madre, ma anche la mia curiosità verso il mondo. Era intima, privata e la condividevo con chi mi stava vicino. Spianava la strada che porta alla speranza e al benessere interiore, e sembrava duratura.

La cuntintizza nasce e si manifesta in ogni singolo individuo senza rivelare da dove ha origine e perché esiste. Si può raggiungere in svariati modi; io la cerco attraverso l'osservazione e la curiosità.

Ognuno di noi ha la sua cuntintizza, poi sta a lui decidere se condividerla.

La cuntintizza necessita di essere nutrita, curata e protetta, altrimenti si atrofizza fino a scomparire. Talvolta, maltrattata, si trasforma nell'opposto, vale a dire in malevolenza.

In cucina

Adoro mondare la verdura fresca appena raccolta nell'orto, sbucciare patate e cipolle, lavare e tagliare menta e basilico. Mentre risciacquo e tolgo gli insetti rimasti, tra le mie mani, i miei occhi e le foglie ancora piene di linfa si crea un rapporto, come se ambedue, io e la verdura, fossimo consce di far parte del ciclo della sopravvivenza: noi esseri umani e la pianta da cui spunteranno altre foglie.

Non mi vergogno a dire che ho l'occhio al risparmio. Al supermercato cerco i prodotti dal prezzo ribassato perché in scadenza: latte, formaggi, bevande, frutta, verdura, carne, pesce fresco, prosciutto e salame, pane, dolci e biscotti. È un modo per contribuire alla lotta allo spreco, e in più comprarli mi rende felice, mi dà persino un senso di avventura, dal momento che spesso acquisto cibi e bevande che non conoscevo. Arrivata a casa, metto subito in frigo e nel freezer il cibo da conservare. Poi mi dedico al mio pranzo, cominciando dalle verdure in offerta: stanche, sbattute e in fin di vita, salvate dagli scaffali del supermercato, le metto subito in acqua per ravvivarle e dare loro una meritatamente dignitosa morte in padella. L'odore untuoso del soffritto di olio d'oliva e trito di cipolla è denso di cuntintizza; aggiungo subito una spruzzata di aceto e poi in una cascata trasferisco le verdure tagliuzzate nella padella, in un tripudio di colori, sapori e profumi che appaga i sensi.

Mentre il soffritto cuoce, mangio la polpa delle arance e metto a seccare nel *riposto* di casa le bucce tagliate in un'unica spirale: appese ai fili di metallo tirati tra gli scaffali, sprigionano un leggero profumo. Dalla buccia secca immersa nell'acqua bollente per la tisana, *sbummica* un aroma garbato e forte al tempo stesso che si mescola al profumo della stufa alimentata dai rami secchi degli ulivi potati. È lì che mi sorprende quel delicato senso di pienezza che addomestica l'anima.

In cucina a tre anni

Mamma raccontava che quando avevo tre anni e mia sorella Chiara, di pochi mesi, era al centro dell'attenzione sua e della bambinaia, sgusciavo dalle nostre stanze e mi rifugiavo in cucina; lì mi sedevo su un poggiapiedi e osservavo beata la cuoca e le domestiche che preparavano il pranzo.

Ricordo che seguivo il loro chiacchierio e con l'acquolina in bocca cercavo di indovinare dai profumi il cibo che avrei mangiato a tavola; c'era sempre qualcuna che si impietosiva e mi offriva un boccone di quanto cucinato.

Da lì passavo nell'anticucina, il regno di Paolo, l'autista palermitano che lavorava a casa Agnello da quando papà mio aveva quattro anni. Ormai anziano, Paolo guidava raramente, ma papà, che amava stare al volante, se lo portava seduto accanto a sé, per compagnia. Si volevano bene assai.

In inverno, Paolo stava accucciato accanto alla caldaia a carbone che dava acqua ai bagni e riscaldava i termosifoni, accudendola puntigliosamente. Era goloso, e io condividevo con lui le caramelle che tenevo nella tasca del mio grembiulino; le succhiavamo insieme, lentamente, per farle durare più a lungo, come due complici, e nel frattempo lui mi raccontava storie della Grande Guerra, quando era andato a finire a Costantinopoli, dove si mangiavano i dolci più buoni del mondo e vivevano donne dagli occhi bellissimi e il volto velato. Quando la caramella s'era dissolta completamente, lasciavo Paolo e tornavo in cucina. Mi sedevo sulla scaletta usata per raggiungere i ripiani alti degli scaffali del *riposto* e sentivo gli odori della cucina. Ricordo in particolare quello delle patate bollite, pelate e schiacciate per farne il purè, da cui esalava il profumo dell'amido che mi invigoriva. La ragazza che grattugiava il parmigiano per riempire la formaggera della tavola dei "grandi" mi offriva immancabilmente una scaglia di parmigiano da succhiare che mi portava in paradiso. Io intanto odoravo i profumi delle erbe per cucinare che crescevano nelle graste (basilico, prezzemolo, rosmarino), della lavanda, che non si mangiava ma si diceva che allontanasse le mosche, quelli delle "polverine" per i dolci (cannella, chiodi di garofano, noce moscata) e quelli delicati e inebrianti delle foglie di alloro e dei baccelli di vaniglia.

Attraverso l'olfatto e il gusto sono arrivati i primi assaggi di cuntintizza, e, dopo settant'anni, continuo a sentirne l'eco.

In cucina da bambina

La cucina è il mio ambiente preferito sin da piccola, la stanza che guardavo con più attenzione quando entravo in una casa. E non mi riferisco alle mura che la delimitano, quanto piuttosto all'aria che vi si respira standoci dentro, alla sensazione che trasmette ogni "attrezzo di scena": il tavolo, il frigorifero, i fuochi, la bilancia, la dispensa, tutti gli utensili.

Ogni cucina ha un suo carattere e comunica qualcosa a cui non si può restare indifferenti. Entrarvi è sempre un'avventura, un po' come esplorare una parte di mondo ancora sconosciuta.

La cucina è il posto in cui tutti i sensi trovano appagamento. Tocchiamo gli ingredienti valutandone la consistenza, ascoltiamo il rumore gentile del soffritto che sfrigola, osserviamo come le materie prime vengono lavorate, tagliate, impastate, messe a bollire, a friggere o a stufare. Misuriamo come sentinelle l'odore che esce dal forno, monitoriamo la cottura sui fornelli. Da adulta ho imparato a contare sul mio olfatto più che sulle lancette dell'orologio che troneggia in tutte le cucine.

Da bambina mi piaceva osservare tutto quello che succedeva lì dentro. Mi sedevo su una sedia appoggiata al muro – non al tavolo di lavoro – nella speranza di poter offrire nel mio piccolo un aiuto quando mi era consentito, quando c'erano degli incarichi adatti, altrimenti mi bastava restare lì anche solo a guardare, aspettando paziente. Attendevo che Giacomina, la persona di servizio che lavorava in casa nostra fin da prima che io nascessi, si degnasse di darmi qualche compito. Era lei la sovrana della cucina. Di tanto in tanto io le domandavo, insistente: «Ti posso aiutare?», ma la sua risposta era invariabilmente: «Costà, vattinni a giocare, cà io haiu cosi ri fari». Altre volte, nelle ore morte del pomeriggio, Giacomina mi lasciava invadere il suo regno (suo solo quando mia nonna era impegnata a fare altro). Sembrava dura, ma in fondo non lo era, e alla fine cedeva: prendeva da un cassettino il mio grembiule da cucina impermeabile, regalo londinese di nonna Teresa, mi aiutava a indossarlo facendo un bel fiocco dietro e finalmente io potevo mettermi all'opera.

Giacomina cucinava il pranzo e la cena, mentre preparare i dolci era una prerogativa dei membri della famiglia. Lei era molto golosa e li mangiava con voracità, ma non ha mai chiesto una ricetta. Quando si dedicava alle minestre io ero addetta a spezzare gli spaghetti: li metteva interi in una mappina a quadri e con le sue mani grosse e forzute li rompeva, mostrandomi come fare, e io la copiavo. Il rumore dello spaghetto rotto con le mani fino a ridursi in minuscoli pezzetti mi faceva sentire utile e parte di una squadra; ogni tanto aprivamo il panno per vedere se i pezzi di pasta erano della grandezza giusta, quella adatta al brodo.

Mosè e le mani

Da bambina, nella campagna di Mosè, la tenuta di mamma, andavo in cucina di pomeriggio, guardavo tutto il bendidio appena raccolto e portato dai contadini nelle ceste e immaginavo le pietanze che sarebbero state preparate e cucinate.

Cucinare significa toccare la materia prima, lavarla, pulirla, tagliarla, impastarla e infine creare le ricette. È un lavoro di immaginazione e trasformazione. Odio la dipendenza dai macchinari che oggi affollano gli scaffali. Odio l'apparato di utensili nei cassetti delle cucine moderne, dal coltello elettrico al mixer, al frullatore, all'impastatrice. Non c'è più bisogno di assaggiare l'impasto per abbinare gli ingredienti, e tutti quegli accessori hanno impoverito la manualità – tritare la cipolla, l'aglio e il prezzemolo, ridurre in polvere le stecche di cannella, lavorare l'impasto e infine lavare a mano piatti e pentole: ormai, tutto è inghiottito dalla lavapiatti.

Le cameriere, dopo il riposo pomeridiano, mondavano le verdure in cucina, sedute in cerchio attorno al sacco. Io imparavo da loro: sceglievano le parti più tenere e in condizioni migliori per essere servite bollite e poi condite con olio e limone. Quelle rimaste venivano sminuzzate e cotte con cipolla e patate per la minestra, o si tenevano nel frigorifero come "battuto" da aggiungere nei giorni seguenti a piatti di carne e minestre. Mi affascinava questo maneggiare, scegliere, per poi seguire la tradizione e le ricette antiche, ed ero felice di farlo con loro. Le cameriere mi proteggevano e dunque mi assegnavano compiti facili, con una di loro che mi dirigeva e sorvegliava. Ne ero grata: mi sentivo "grande" e privilegiata a lavorare con loro e ascoltare il loro *ciarmulio*.

Di pomeriggio, in campagna, una volta rigovernato dopo il pranzo, le donne di servizio andavano nelle loro stanze a riposare, lasciando la cucina pulita – l'odore della liscivia con cui era stato lavato il pavimento era forte e gradevole. A quel punto era il turno di mamma e zia Teresa, che vi andavano, sole sole, a "fare i dolci". Io sentivo il loro ticchettio di tacchi e le raggiungevo. Spesso facevano la pasta reale (mandorle tritate e zucchero a cileppo, lavorati a mano fin quando il composto, rassodato ma ancora malleabile, è pronto per l'ultimo passaggio: essere colorato di verde), come chiamiamo noi il marzapane, e ne mettevano da parte un terzo per modellarne palline da offrire agli ospiti assieme al caffè. Io avevo il compito di fare palline piccole piccole, tutte uguali, che poi passavo nello zucchero cristallizzato, e ne ricevevo due o tre da mangiare subito. Le altre si conservavano in una scatola di metallo per quando ci fossero stati ospiti. Ricordo la gioia di assaporare la pallina fatta da me, lo stridere dello zucchero tra i denti e il denso profumo della pasta reale.

Prima di congedarmi, a lavoro finito, mamma non mancava mai di regalarmi un ultimo pezzettino avanzato di pasta reale che aveva tenuto nascosto.

Al contrario di me, mia sorella Chiara e Gabriella, la figlia di zio Giovanni che era sua coetanea e con cui passavamo tutte le estati in campagna, non amavano andare in cucina. Loro due erano canterine e si divertivano a cantare a squarciagola all'aria aperta sui balconi, o mentre passeggiavano nei campi e nei cortili della fattoria – una cuntintizza a me negata dai miei genitori e dai cugini più vecchi, perché ero stonata.

A San Basilio con mio fratello

*Quando si dice "campagna", soprattutto se preceduto da aggetti-
vo possessivo, si intende una proprietà che per lo più comprende
residenza padronale, giardini e terra coltivata. Andare in campagna, andare "nella nostra campagna" sono locuzioni che possono suonare con sfumature diverse. Per me è più che un semplice
spazio all'aperto lontano dalla città. È una condizione, è libertà.
Quando sono in campagna sento che la natura mi offre tanto e
ha un potere rigenerante molto forte.*

La campagna ci insegna a gioire di cose semplici, con poco.

*La nostra campagna, San Basilio, si trova a pochi chilometri
da Caltagirone, nella parte sudorientale della Sicilia. La cittadina barocca è conosciuta per la famosa scalinata composta da cen-
toquarantadue gradini decorati con maioliche di ceramica che
collega la parte più recente in basso a quella più antica in alto.*

*La casa in cui oggi abitiamo è un ex monastero che appartiene
alla nostra famiglia dal 1704, un tempo occupato da monaci basiliani. La sua posizione strategica, su una collina, permette di
controllare la strada che dalla costa meridionale risale verso l'interno. Dentro le mura che delimitano il cortile, c'è un baglio in
pietra viva con una fontana che ancora oggi butta acqua. E nello stesso spazio si trova una chiesetta ormai sconsacrata. Si accede al cortile attraverso un grande cancello in ferro battuto che
la sera viene chiuso.*

In cima a quella collina, San Basilio sembra un luogo sospeso nel vuoto, soprattutto perché vi si arriva dal basso, per poi imboccare una stradina sterrata nascosta da una vegetazione folta che si rinnova di stagione in stagione e che conduce a destinazione. Tutto intorno, solo distese di terra coltivata e di alberi a perdita d'occhio, una sequenza di poderi e di attività agricole. Quando eravamo piccoli, io e mio fratello Giuseppe vi trascorrevamo parecchio tempo, a volte da soli, altre volte in compagnia di altri bambini, figli di amici dei nostri genitori. In realtà a noi piaceva stare lì a qualsiasi condizione ed eravamo felici comunque.

Il viaggio da Palermo era lungo, e ogni chilometro sembrava raddoppiare nella nostra immaginazione, tanto era il desiderio di arrivare e ritrovare le meraviglie che sapevamo là ad aspettarci. L'ultimo tratto percorso in auto scopriva progressivamente la nostra meta: il folto dei cespugli, i filari di alberi di agrumi, poi un angolo della casa e soprattutto il tetto, di colore rosso mattone, che spiccava là in alto come promessa mantenuta intatta nella memoria. Che gioia! Tutto era lì un'altra volta, tangibile, reale, dolce e profumato.

In campagna si giocava tanto, e spesso i giochi erano quelli che in città non erano consentiti. E oltre al puro diletto, ci aspettavano esperienze allettanti che talora suonavano quasi trasgressive. Ad esempio la libertà di non farsi il bagno ogni giorno, a patto però di lavarsi i denti e la faccia (almeno quello). Era il regalo più grande che mia madre ci concedeva quando eravamo a San Basilio. Noi bambini infatti odiavamo essere puliti e stricati nella vasca da bagno, soprattutto dopo una giornata passata a rotolarci nell'erba, arrampicarci sulle balle di paglia, raccogliere fiori di campo e frutta direttamente dall'albero, perdersi in lunghe passeggiate, giocare con tutti gli animali della fattoria (è mio padre che ci ha trasmesso l'amore per gli animali).

Che importa se alla fine eravamo sporchi e disordinati? Ci portavamo addosso tutto il sapore della terra! Ed era pura felicità.

Ci sentivamo dei privilegiati rispetto ai coetanei confinati in città.

Ci era consentito anche mungere le vacche a mani nude e bere il latte fresco raccolto direttamente nel bicchiere, tiepido e schiumoso. Lo gustavamo mescolato allo zucchero e al cacao solubile, e ce ne andavamo in giro con le mani chiuse attorno al bicchiere per non farlo cadere.

La strada ormai la conoscevamo bene. Filavamo dritti dritti giù dalla scaletta interna che dal cortile portava alle stalle e ci affacciavamo timidamente alla porta: a quel punto, vedendoci, i vaccari ci invitavano a entrare in sala mungitura. Per lo più ci limitavamo ad assistere all'operazione al loro fianco, ma qualche volta ci era consentito dare una mano, per provare la sensazione piena di partecipare al lavoro, con la soddisfazione di non sentirci dei semplici visitatori, ma persino utili.

Mentre annaspavo con le mammelle chiuse nelle mie piccole mani, vedevo i grandi occhi della vacca spiarmi, ma – almeno così mi pareva – con pazienza e tolleranza.

Le mucche sono animali molto abitudinari e obbedienti: ordinate in fila come soldati attendono il proprio turno di essere liberate dal peso del latte che grava sulle mammelle gonfie. Ormai la mungitura non avviene più manualmente come una volta, ma attraverso macchinari che tirano il latte dalle mammelle, in modo che il processo sia più rapido e igienico. Per fortuna la memoria ci restituisce quella forma così affascinante (e faticosa) di manualità.

A fine lavoro, a noi bambini restava il bicchiere di latte, ai vaccari i secchi colmi da vendere, e come noi eravamo fieri del nostro piccolo operato, loro lo erano di vedere noi apprendere la loro arte.

Il profumo di latte fresco è così forte, così intenso che quasi stordisce, e infatti ricordo che inondava tutto l'ambiente.

Con il nostro bicchiere in mano, restavamo seduti sul muretto di fronte alla sala della mungitura e contemplavamo le mucche che entravano e uscivano due per volta. Ogni tanto qualcuna più indisciplinata veniva ripresa, ma bastava la frustata di una voce più decisa perché la mucca ritornasse al suo posto.

Io e Giuseppe eravamo bambini di città, ma non c'era nulla

di più appagante che restare lì, sul far della sera, a goderci tutto quel chiffari *di uomini e animali, quel miracoloso intreccio di gesti che sembravano confluire nel nostro bicchiere di latte, nella sua candida concretezza.*

Cucina di campagna

Sgusciare pisellini e favette nella cucina di campagna era un altro di quei piaceri a cui era difficile rinunciare. Era una prerogativa del periodo di maggio-giugno, quando la terra è al massimo del suo splendore: i campi seminati sono ancora verdi e l'orto regala generosamente i suoi frutti.

Attendevo che i contadini portassero in casa grosse ceste piene di pisellini e favette ancora sporchi di terra e di erba selvatica, poi mi sedevo in cucina bella tranquilla e iniziavo a scricchiarli come mi avevano insegnato le donne di campagna. Aprivo i baccelli lungo la riga centrale verso l'esterno, facevo scorrere le dita dall'alto verso il basso, lasciando scivolare i pisellini in una zuppiera, e mettevo le bucce in un secchio per poi darle da mangiare agli animali. La stessa procedura era adoperata con le favette. Adoravo far scorrere le dita lungo il baccello per staccare i frutti e sfiorarne l'interno vellutato a cui sono attaccati in fila ordinata. Guardare quel colore verde brillante e respirare il profumo fresco mi dava un senso di pace e di bellezza.

Una volta sbucciati, piselli e fave erano versati con cura, in una lenta cascata, in un altro contenitore più grande per controllare che non ci fossero residui di buccia. La mano, con le dita aperte sotto il flusso, faceva da setaccio. In quel momento il profumo di verde raggiungeva il suo massimo, sembrava che tutti gli aromi dell'orto di tarda primavera fossero concentrati lì.

Alla cucina di campagna sono legate tante altre belle sensazioni, come quella che mi dava anche solo immaginare tutto ciò che si poteva realizzare con i frutti che la terra aveva da offrire. Vedere quel tavolo che dominava la stanza pieno di verdura appena raccolta, di frutta di stagione, di bottiglie di latte appena munto e uova ancora tiepide era motivo di gioia e sorpresa anticipata: chissà in quali pietanze si sarebbe trasformata tutta quell'abbondanza. Uno spunto stimolante per la fantasia.

La cucina dei "grandi"

Sono stata ammessa in cucina a partire dai quattro anni: aiutavo chi cucinava e soprattutto osservavo.

Per prima cosa, imparai a impastare la pasta frolla in una scodella dove erano stati messi tutti gli ingredienti pesati. Usavo le mani, una sensazione bellissima. Quando l'impasto era compatto, con l'aiuto di un mattarello piccolo stendevo la pasta sulla *balata* di marmo coperta da un leggero strato di farina, sotto lo sguardo della cameriera che mi insegnava.

Avevo autonomia nella scelta delle formette di metallo per i biscotti: rotonde, rettangolari, a "picche" come quelle nere delle carte da gioco; ma non nell'infornata: quella era roba "da grandi". Aiutavo a sollevare dalla teglia sfornata i biscotti già cotti – bisognava stare attenti a non romperli – e li spennellavo con un pennello largo imbevuto nell'albume d'uovo. Prima di infornarli di nuovo con le dita facevo cadere sul biscotto una pioggerella di zucchero per dargli lucidità e consistenza.

Una volta pronti, i biscotti erano per tutti, non soltanto per me. Dovevo offrirli innanzitutto a chi mi aveva aiutato in cucina, e a Paolo, che era goloso. Solo allora sarebbe stato il mio turno di assaggiarne uno, prima di disporli su un vassoio per servirli al momento giusto alla famiglia.

Ero golosa e avrei voluto mangiarne di più, ma mi trattenevo dal servirmene dalla guantiera; sapevo che avrei potuto rimpinzarmi quando tutti gli altri in casa ne avessero preso uno per ciascuno.

Il profumo che *sbummicava* da quei biscotti mi portava in paradiso: una *cuntintizza* tra le più profonde, mai dimenticata.

La "cucinata" del pranzo di mezzogiorno era un momento di grande concitazione, e la mia presenza in cucina non era gradita. La cuoca *arriminava* gli spaghetti nella pentola d'acqua bollente e li assaggiava velocissima: dovevano risultare perfettamente al dente. Altri erano incaricati di riscaldare la salsa di pomodoro per condire la pasta. Francesca, la cameriera di mamma che serviva a tavola, controllava che le due formaggiere fossero piene e pronte per i commensali: la piccola era per il parmigiano, formaggio costoso che veniva dal Continente, e la grande per il nostro cacio siciliano. Io la osservavo, sperando di ricevere da lei il solito pezzetto di crosta di cacio – era un rito. In cucina sapevano che ne ero ghiotta. L'addentavo con avidità per rosicchiare quel poco di formaggio rimasto, poi la immergevo in una tazzina colma dell'acqua di cottura della pasta, offerta dalla cuoca stessa, e la tiravo su dopo qualche minuto, calda, morbida e profumatissima. Raschiavo con i denti il formaggio ammorbidito, senza intaccare la crosta vera e propria, quella esterna, ancora dura, che davo a Francesca, la mia complice. Altro che cuntintizza, mi sentivo in Paradiso!

Dopo pranzo, quando aveva ripulito la cucina e prima di andare a riposare nella sua camera, Francesca mi cercava. Io ero in zona, in attesa. «Quella cosa tua è al suo posto, nel solito angolo dell'armadio» bisbigliava, e si ritirava in camera da letto.

Dopo un poco, quatta quatta, io entravo nella cucina vuota. Gli scuri erano socchiusi e le ante delle finestre accostate, e nella penombra sentivo il profumo di liscivia del pavimento appena lavato. Era il trionfo della nostra complicità omertosa. Aprivo lo sportello dei "nostri traffici' e su un piattino trovavo la crosta del parmigiano tagliata a striscioline, dura, umida e saporita. Ne prendevo una alla volta e la mordevo, poi la masticavo fino a ridurla in una pappa saporitissima, una delizia! Alla fine leccavo dito per dito per raccogliere quanto rimasto sui polpastrelli. Francesca e io non confessammo mai agli altri il nostro segreto.

La pasta frolla

È probabile che molti di voi conoscano già il piacere di affondare le mani nella farina, nello zucchero, nel burro e nelle uova per impastarli insieme e dare vita alla pasta frolla. In casa nostra, riunirsi intorno al tavolo di marmo al centro della cucina per preparare dolci è un momento di aggregazione familiare, una consuetudine che si trasmette da diverse generazioni, legate da un unico filo conduttore: l'amore per la preparazione dei dolci.

Con la pasta frolla però ho un legame speciale: è la prima ricetta che ho imparato a fare. Ero alla soglia dei cinque anni, nemmeno arrivavo all'altezza del tavolo, quando per la prima volta la impastai insieme a mio padre (il mio maestro in materia di dolci). Avevo mani troppo piccole per fare tutto da sola, e per ottenere una buona frolla si sa che il ruolo delle mani è fondamentale. Lui mi pesava con precisione tutti gli ingredienti sulla vecchia bilancia di casa, quella a piatti e pesi di ottone (era un lavoro da grandi), poi me li posava sul tavolo di marmo a formare una montagnetta: prima la farina, poi subito sopra lo zucchero, al centro del cratere che vi avevo ricavato i tuorli d'uovo e, a completare, il burro fatto a pezzetti, tirato fuori dal frigo un po' di tempo prima perché fosse morbido e plasmabile. A ultimare la montagnola di ingredienti c'era un piccolo trucco: un pizzico di sale che, dosato da me, erano almeno tre o quattro.

La ricetta era la stessa che nonna Teresa aveva insegnato a mio padre quando era bambino, e lui adesso con la stessa pazienza e la stessa dedizione l'insegnava a me. Era un momento speciale, ma non mi rendevo conto di quello che accadeva dentro di me. Mentre le mani impastavano vedevo accanto alle mie quelle di papà, imponenti e sicure, che lavoravano lente la parte grande dell'impasto, i suoi occhi sulle mie che cercavano di imitarlo sulla piccola porzione che mi spettava.

Sentivo il gelo del marmo sotto il calore delle dita con cui amalgamavo gli ingredienti, ed era proprio il calore delle mani a fondere tra loro tutti gli elementi fino a renderli una cosa sola: una pasta soffice, lucida e profumata.

Papà osservava il mio operato lasciandomi sempre la libertà di sbagliare e di imparare a mio modo, senza mai spazientirsi. Anzi, quando mi scoraggiavo perché una cosa non veniva come doveva, c'era sempre una parola di conforto. Questo accade anche ora che sono adulta e pillicusa, soprattutto in cucina. Papà sa sempre trovare una soluzione per commogghiare qualunque mio "errore".

Io osservavo ogni suo gesto per imitarlo alla perfezione, e quei movimenti costanti e lenti mi davano un senso di serenità. Così, piano piano, si sviluppava in me una nuova consapevolezza: era il passaggio del sapere di papà a me. Io ero l'erede di quel sapere, e chi lo sa che magari un giorno non avrei fatto lo stesso con i miei figli o i miei nipoti. Quel sapere era lo stesso tramandato dalla nonna e questo mi lusingava. Lo avrei custodito con cura.

È anche con piccoli gesti che si riesce a dare il buon esempio. I grandi vanno osservati con la giusta attenzione. Ho imparato che quando c'è amore in quello che si fa si raggiungono importanti traguardi, e sentirsi dire semplicemente "brava" è uno di quelli.

Ho imparato anche che in cucina ci vogliono tempo e dedizione, come in molte altre cose.

La pasta frolla in casa nostra era di norma destinata a preparare la crostata con la marmellata, ma veniva utilizzata anche per insegnare ai più piccoli a creare i biscotti dalle forme più stravaganti che gli adulti non rifiutavano mai, forse perché costituivano un filo diretto con i ricordi d'infanzia.

La pasta stesa al mattarello era quasi sempre a opera di un adulto, mentre imprimere gli stampini di metallo per darle forma era un piacere lasciato ai piccoli, un modo divertente per sentirsi un po' grandi in cucina. Era un lavoro di squadra, e accanto a papà mi sentivo forte e pronta a crescere e imparare quanto più potevo.

Ancora oggi che non sono più quella bambina pasticciona, lui e io ci ritagliamo dei momenti per noi, di solito la sera o la domenica, quando la cucina è meno affollata e c'è la giusta calma per dedicarsi alle ricette di famiglia, rigorosamente scritte a mano da mia nonna (e a volte difficilmente interpretabili). Ci lanciamo anche in nuovi esperimenti, ad esempio cose che abbiamo sempre voluto provare ma in cui né io né lui ci siamo mai cimentati. Questa è una cosa che a noi piace molto perché mantiene saldo il legame con le tradizioni di famiglia. Alla fine, come facevano nonna Teresa e sua sorella Elena, ci mettiamo seduti attorno al tavolo e valutiamo il nostro operato prima di offrirlo: «È troppo cotto», «La crema doveva essere più soffice», «Nella glassa ci andava più cioccolato», «Hai messo troppo zucchero nella ricotta» (io a lui)... Cucinare è anche un'occasione importante di confronto.

Ma uno dei momenti più belli del preparare dolci (anzi, il più bello) è e rimarrà nei secoli sempre uno, e uno solo: leccare cucchiai e recipienti sporchi. Un gesto che non ha età, che unisce grandi chef dell'alta pasticceria e comuni mortali. Uno dei parametri in cui ci ritroviamo un po' tutti, una sorta di rituale di fine lavori. Mi chiedo: chi non è mai uscito dalla cucina coi baffi sporchi di cioccolato? Nulla è più confortante che leccare i cucchiai e scorrere le dita più e più volte lungo le pareti del recipiente fino a renderlo quasi intonso.

Quella di assaggiare è comunque sempre una buona consuetudine, dà una misura del nostro operato. Nella mia famiglia ad esempio vige un rito: quando la frolla è pronta per essere stesa al mattarello per dare forma a biscotti o crostate, papà e io ne assaggiamo una pallina a crudo per vedere se è tutto corretto e bi-

lanciato. Una frolla non risulta mai uguale all'altra anche se la ricetta è la stessa, e lui dice da sempre: «Se è buona cruda, sarà buona pure cotta».

Certo, anche cruda avrà pure il suo perché, ma che dire del profumo della frolla in cottura? Lo definirei uno dei più inebrianti che conosco (e riconosco). È così potente da riuscire a salire dal primo all'ultimo piano del palazzo in cui vivo, mostrando un'intensità quasi inarrestabile. Ricordo che se non ero in cucina e tornavo a casa per cena, mi bastava girare la chiave nel portone e aprirlo appena per sapere che qualcuno su in cucina aveva infornato il dolce.

Cucina d'estate

Ogni stagione ha i suoi elementi chiave, che in modo indiscutibile ci fanno pensare a un periodo preciso dell'anno piuttosto che a un altro. Questo vale anche in cucina.

Per me, respirare il profumo del pomodoro e del basilico fresco è sinonimo d'estate. Il periodo estivo lo trascorrevo nella casa di villeggiatura dei miei nonni materni all'Addaura, una piccola frazione di Palermo situata appena dopo il lungomare di Mondello, famosa località balneare dei palermitani. Questo borgo marinaro si trova tra mare e montagna e ai tempi era parecchio tranquillo.

Verso la fine di luglio nonna Lia, di ritorno dal mercatino settimanale e carica di cassette di pomodoro fresco, era solita preparare la salsa che poi metteva in barattoli e bottiglie di vetro ben tappati come scorta per i mesi successivi. Io mi sedevo vicino a lei e la osservavo operare, poi quando era il momento la aiutavo dove era possibile. Prima sbollentava i pomodori con tutta la buccia in una pentola, poi, stando attenta a non bruciarci, li spellavamo e poco per volta li passavamo insieme con il passapomodoro. Io giravo con tutte e due le mani la manovella dell'aggeggio mentre lei me lo teneva fermo dalla base. Dopo qualche giro mi fermavo per riposare un istante e poi riprendevo. A tratti diventava un po' pesante per me bambina, così continuava lei mentre io la guardavo. Il succo ottenuto in questo modo lo mettevamo sul fuoco, così da farlo restringere e dargli una consistenza più densa, quella della salsa.

È in quei momenti, sotto l'effetto dal calore, mentre ci si affonda dentro il cucchiaio di legno per non fare attaccare il fondo, che il profumo del pomodoro è al suo massimo e sprigiona tutta la sua forza. Per non parlare di quando tutto questo incontra l'essenza delle foglie di basilico appena raccolte che, gettate nella salsa bollente a fine cottura, generano un connubio olfattivo ineguagliabile.

Non so se tutti la pensano come me, ma uno dei sapori più confortanti che conosco è quello della pasta con la salsa di pomodoro e basilico appena fatta. Per fortuna, il pomodoro conservato nel vetro riesce a mantenere tutto il suo gusto originale e quella freschezza tipica della sua stagione anche quando i mesi di caldo e di spensierata vacanza sono solo un vago ricordo. Basta stappare uno di quei barattoli in inverno, respirarne a pieno il profumo vivace e frizzante che si sprigiona e chiudere gli occhi per tornare nel grande scenario dell'estate, anche solo per un istante.

Il taccuino di nonna Teresa

Sono certa di aver ereditato la passione per la cucina da mia nonna Teresa, della quale purtroppo non ho tanti ricordi "sul campo", perché iniziò a stare male quando io ero poco più di una bambina. I racconti sul suo modo di trattare il cibo, sulla sua precisione nel decorare i dolci e sulla sua padronanza degli ingredienti, che le permetteva di cucinare "a occhio", sono così tanti che ho sempre avuto l'impressione di essere stata presente. Così come famosi in casa nostra erano i racconti sulla collaborazione ai fornelli delle due sorelle Elenù e Teresù (così erano solite chiamarsi), e tutti i convenevoli che si scambiavano quando assaggiavano l'una i piatti cucinati dall'altra, seguiti dai complimenti reciproci sul loro operato. «Non potevi fare di meglio, Elenù», «È venuto meglio delle altre volte, Teresù», «Bravissima, Elenù» e così via.

Fu mio padre che si prese in carico di fare le veci di mia nonna e insegnarmi fin da piccola i trucchi del mestiere, come aveva fatto a sua volta sua madre con lui, in modo che quella maniera di stare in cucina non andasse perduta e quelle ricette non morissero nel fondo di un cassetto. Era il nostro modo di stare ancora con lei anche quando non c'era più.

Le ricette di nonna, di dolci per lo più (provenendo da una famiglia di golosi), erano appuntate in un taccuino scritto a mano che ancora oggi io e papà maneggiamo con la massima cura per paura di rovinarlo. Il giorno in cui lo abbiamo ritrovato sotto tan-

te altre carte, dopo che per anni lo avevamo perso di vista, è stato emozionante. Sfogliare quelle pagine impolverate, una per volta, cercare di interpretare quella calligrafia non sempre chiara, è stato come perdersi in un tempo sospeso, quello dei ricordi. Io leggevo ad alta voce, papà mi ascoltava attento e ogni tanto mi interrompeva per aggiungere qualche informazione, qualche dettaglio non specificato, qualche aneddoto legato a una particolare ricetta o a un'occasione in cui era stata utilizzata.

Papà non è mai stato un uomo di molte parole, né uno che lasciasse trapelare molto di se stesso, ma quando una cosa lo tocca da vicino chi lo conosce se ne accorge dal modo che ha di raccontare, dal tono di voce diverso e dagli occhi. E in quell'occasione io me ne accorsi, ma restai in silenzio, senza interromperlo se non per fare qualche domanda in più, cosa che lui parve gradire. Chissà se magari in quel momento, con me che reggevo quel libretto tra le mani, rivedeva proprio sua madre. Trascorremmo così quasi tutta la mattina, persino il telefono squillò più volte, ma noi lo ignorammo: era come se gli unici suoni al mondo fossero quello della mia voce che continuava a leggere e della sua che commentava.

Erano ricette che nonna aveva collezionato durante tutta la sua vita, fin da quando era giovane, ogni volta che si presentava l'occasione di imparare a cucinare qualcosa di nuovo. All'inizio erano foglietti sparsi e scritti male, ma in un secondo momento prese a trascriverli in modo più ordinato in un libretto a quadretti. Pagine macchiate dagli schizzi di chissà quale crema pasticcera, di chissà quale impasto. Pochi, esili appunti, una sorta di promemoria che nulla ha a che vedere con le ricette moderne dove è tutto spiegato al dettaglio. Qui non ci sono indicazioni sulla cottura, e a volte nemmeno su come portare avanti la preparazione, a stento e non sempre sono indicate le dosi. Il tutto intervallato da un "procedere a occhio", "aggiungere quanto basta" o "proseguire a proprio gusto".

In mezzo a quelle pagine di carta spessa, vecchia, è facile intuire che quella che scriveva era una mano di una certa esperienza, *che non aveva bisogno di perdersi nei particolari quanto piuttosto di ricordare pochi passaggi basilari.*

All'interno ci sono ricette di varia provenienza, una cucina contaminata da diverse tradizioni, e sotto ognuna c'è appuntato il nome della persona da cui l'aveva appresa e che spesso dà il titolo alla ricetta stessa. Ad esempio la Torta Passerini, ricetta passata dalla moglie del questore di Agrigento, una cara amica di famiglia, o la Torta Hylde, che prende il nome da una cuoca di origine svizzera. Ci sono anche cenni di cucina francese in quel taccuino, dovuti al contributo della governante che al tempo si occupava dell'educazione dei rampolli di casa Giudice: Giovanni, Teresa, Peppinello ed Elena. Mademoiselle Berte, oltre a insegnare alle giovani donne di casa, Teresa ed Elena, tutte le faccende domestiche, a cominciare dal lavaggio dei panni sporchi una volta alla settimana, era infatti appassionata di cucina, in particolare di dolci.

Parecchie furono le cuoche e le governanti che passarono da casa Giudice. Tra queste ce n'era una, Marisa, la più nominata e forse la più apprezzata, visto che molte ricette del taccuino portano il suo nome. Marisa era di origini venete e rimase in casa per parecchi anni, quando mia nonna e i suoi fratelli erano piccoli. La famosa torta dei compleanni di tutti i bambini, tra cui quello di mio padre, porta il suo nome, Torta Marisa, detta anche semplicemente Torta alla Caramella.

L'odore della caramella calda (nient'altro che zucchero sciolto sul fuoco con un goccio d'acqua) che si stendeva a coprire, cristallizzando a perfezione, il multistrato di sottile pan di spagna farcito di crema al burro e cioccolato fondente era un ricordo di festa e di gioia per i bambini del tempo, che poi si è tramandato a noi figli e nipoti. In casa nostra tutti abbiamo preparato almeno una volta quella torta, per niente semplice da fare ma squisita da assaporare.

Mi sarebbe piaciuto essere maschio

Da noi, ai matrimoni gli auguri degli ospiti erano sempre gli stessi: «Felicità e figli maschi». Talvolta, si ometteva la felicità e si diceva semplicemente: «Auguri e figli maschi».

«Imprisusa come un masculu pare, peccato che è fimmina» dicevano di me i parenti, gli amici dei miei genitori e i contadini. Allora mi offendevo, ma adesso capisco che è grazie a loro se divenni una femminista, anche se al tempo non capivo il significato profondo di questa parola.

In effetti, ero sempre in compagnia dei cugini maschi, copiandoli in tutto e per tutto, e mi piaceva indossare i pantaloni, per dimostrare loro che pur essendo femmina potevo condividere i loro giochi. Odiavo le bambole. Mamma raccontava che da bambina, anziché cantare la ninna nanna e carezzarle, cavavo loro gli occhi, e quando erano di celluloide e snodabili, per capire come fossero fatte, tiravo gambe, braccia e collo con tale forza da rompere gli elastici che li tenevano insieme, smembrandole. A quel punto smisero di regalarmi bambole.

I contadini *murmuriavano «Chissà masculu avìa a nasciri»* quando mi vedevano in piedi sulla jeep di papà, attaccata al parabrezza mentre avanzava sulla terra arata, sballottandoci di qua e di là. Papà diceva che era come se fossimo sul mare, la jeep "superava" cavalloni di terra come fan-

41

no le navi sulle onde, e controllava che io continuassi a tenermi saldamente al parabrezza. Allora sentivo crescere in me una forte cuntintizza e l'orgoglio di avere un papà che mi capiva.

I miei compagni di gioco preferiti erano i miei cugini Silvano, il figlio di zia Teresa, di otto mesi più giovane di me, e Gaspare, il figlio di zio Giovanni, di tre anni più vecchio, che fu anche il mio primo amore, ahimè non ricambiato. Io avevo quattro anni e lui sette. Mi tenevo sul comodino una fotografia, scattata su mia specifica richiesta da mio padre, in cui Gaspare stava in piedi con le mani nelle tasche e io poggiavo la mano sul suo braccio, con immenso orgoglio. Non avevo fatto caso che in quella fotografia lui guardava dritto dentro l'obiettivo, chiaramente disinteressato a me.

Crescendo, capii ben presto che i maschi ci battevano solo sull'altezza; in tutto il resto erano come noi femmine, se non peggio. Da allora smisi di sognare di essere maschio. Non ne valeva la pena.

Crescere

Nell'ottobre del 1951 ero prossima ai cinque anni. La famiglia era ancora in campagna, perché era in corso la raccolta delle olive, a cui mio padre quell'anno aveva voluto presenziare, per testare una spazzola speciale dal manico lunghissimo che avrebbe *scotolato* le olive dei rami più alti, evitando l'uso delle scale di legno.

Da qualche anno a Mosè c'era una scuola rurale per i figli dei contadini che iniziava a metà settembre; Maria, la figlia del campiere e mia compagna di giochi, aveva compiuto sei anni e dunque l'avrebbe frequentata. Anch'io volevo andare alla scuola rurale, ed ero stata accettata, come "ospite", per quel trimestre soltanto. Eravamo una decina di studenti di tutte le età, alcuni venivano dalle fattorie limitrofe di altri proprietari terrieri. Ricordo quell'autunno come il periodo più stimolante della mia vita, ogni giorno imparavo qualcosa di nuovo – un'immensa cuntintizza. La maestra, una giovane donna dai capelli castani con un bel sorriso, riusciva a dedicare una parte del tempo alla classe, per poi occuparsi individualmente di ciascuno di noi. Fu lei a suggerire ai miei genitori, una volta tornati ad Agrigento, di farmi continuare a studiare con sua zia, la signorina Gramaglia, impiegata al Provveditorato agli Studi, che dava lezioni private la mattina e la sera.

L'ora di lezione che seguivo con lei ogni mattina nei giorni feriali – dalle 7.30 alle 8.30 – era intensa e piacevolissima, tanto che superai ogni anno gli esami alla scuola elementare da esterna, senza difficoltà. Passavo il resto del tempo leggendo e disegnando nella mia stanza e poi in cucina, con le persone di servizio, e in salotto con le amiche di mamma. Con Chiara e Giuliana stavo poco. Mia sorella soffriva di linfatismo ed era spesso costretta a letto, calamitando su di sé l'attenzione della nostra bambinaia.

Ad Agrigento avevo una sola amica, Chicchi, figlia di una compagna di scuola di mamma. Ci volevamo molto bene, e la nostra amicizia rimane ancora oggi ferma e profonda. Lei conosceva il mondo di fuori, avendo vissuto in Africa, al Nord e a Torino, e io ascoltavo incantata i suoi racconti. Da Chicchi ho imparato per la prima volta che il mondo è grande e variegato.

La pubertà sopraggiunse per me quando avevo dieci anni e fu uno shock, dal momento che ero totalmente impreparata. Accettai di buon grado di essere "signorina" quando mamma e Giuliana, la bambinaia ungherese, mi dissero: «Da grande potrai essere madre». Era un traguardo inimmaginabile, mai considerato prima. Dopo il primo sgomento, ne divenni fierissima. Ogni mese, annunziavo apertamente a chiunque: «Adesso posso avere figli!». La prima volta che mi sentì, papà fece una smorfia disgustata; ne parlò con mamma, che mi consigliò di non parlare più di "quelle cose".

Ci volle del tempo per sopire il mio orgoglio e persuadermi a essere "timida", evitando di comunicare agli altri questioni intime.

La pallina di caffè

Dopo pranzo, i "grandi" prendevano il caffè in salotto e poi andavano a riposare. Mi sembrava una pazzia: se il caffè serviva a tenere sveglie le persone, perché loro lo prendevano prima di andare a letto per dormire? E se non andavano a dormire, perché andavano a letto? Era per leggere? Ma c'erano tante sedie e poltrone in casa, dove avrebbero potuto riposarsi dopo aver preso il caffè e leggere i giornali o, nel caso di mamma, un romanzo.

Sono dubbi che mi sono rimasti ancora adesso, dal momento che io non sono mai andata a letto nel pomeriggio.

Uno soltanto degli adulti in famiglia non andava a riposarsi dopo pranzo e rimaneva nel salotto: zio Peppinello, il fratello scapolo di mamma. Gli piaceva passare del tempo con me, e chiedeva alla cameriera di lasciare il vassoio con il caffè sul tavolino. Era un avido lettore, parlava quattro lingue e aveva una risposta per tutte le mie domande, lui sapeva tutto! Mi raccontava storie della sua vita e sulla famiglia, mi parlava dei quadri e degli oggetti di casa e, quando eravamo nella casa di Agrigento, qualche volta mi portava nelle stanze del "museo" – come chiamavamo la fila di salotti in cui erano esposte le antichità greche della famiglia Giudice.

Quando zio Peppinello si offriva di prepararmi "la pallina di zucchero" io dicevo di sì, entusiasta. Faceva cadere una o due gocce di caffè nella zuccheriera, poi la scuoteva leggermente, mantenendo il ritmo per far sì che, grazie a piccoli movimenti, si formasse una pallottola perfetta di zucchero e caffè. Era un miracolo! Ogni tanto permetteva anche a me di farlo sotto la sua supervisione. Bisognava stare attenti: se si scuoteva troppo, la pallottola si rompeva in tante minuscole palline che non si amalgamavano, impossibili da raccogliere col cucchiaino tanto erano piccole. Con il giusto ritmo, invece, la pallina sarebbe cresciuta compatta. Quando ci riuscivo ero fierissima: era il trionfo della mia manualità, un piccolo battesimo all'arte del cucinare. La portavo fiera a mamma e a zia Teresa, che riposavano insieme. Loro dicevano: «Brava, poi verrai a cucinare i dolci con noi».

La pallina di caffè è stata la mia iniziazione alla vita adulta e rappresenta la prima cuntintizza tra i dolci.

L'odore del caffè

Che sia forzato da una sveglia o un piacevole ritorno dentro le quinte della vita, che sia il turbine del giorno che ci cala addosso o la ritrovata confidenza con le nostre consuetudini, una cosa è certa: il risveglio è un momento particolare, anzi particolarissimo. Le varianti sono molte, ma nessuna esclude l'altra. Conosciamo di volta in volta la serenità e la rassegnazione di dover abbandonare le lenzuola perché la giornata possa cominciare; conosciamo la tristezza e la delusione di trovarci nel chiaro della mattina, mentre si aprono le incerte sorti di una lunga giornata; e magari conosciamo la carica e l'ottimismo (ma chi ce lo ha dato?) per il nuovo giorno.

Per me c'è una sola certezza in ogni risveglio: l'odore del caffè.

Per riprendermi dal torpore, mi lavo il viso con l'acqua ghiacciata: voglio essere pronta a servirmi un buon caffè. A volte mi muovo come una sonnambula, ma una sonnambula che sa quello che vuole, che sa come aprire la moka, come trovare la polvere marrone, come riempire il filtro, avvitare le due parti e attendere l'ebollizione. Sono per lo più da sola in cucina e da sola me lo godo, seduta in pizzo sulla sedia, gli occhi chiusi, il giorno che preme sugli scuri.

Mi incuriosiscono i racconti sul primo caffè della giornata. Simonetta, ad esempio, se ne è rimasto dal giorno prima lo riscal-

da e lo prende appena alzata, altrimenti lo prepara ex novo, ma quando è vestita e pronta per uscire.

L'aroma del primo caffè della giornata è un'iniezione di buoni propositi, è l'unico che riesca ad aprirmi la strada verso l'esistenza. A volte penso che mi basterebbe solo respirarlo, ma so che non è vero. Quando il primo sorso tocca le labbra e arriva al palato mi rendo conto che non c'è cosa più bella che si possa chiedere al risveglio, soprattutto per chi soffre questo momento.

Il caffè è un rito, certo, ma non solo. Quell'aroma viene da lontano, una lontananza così magica che accende immagini e le disperde nell'aria. Niente di esotico, come ci si aspetterebbe, piuttosto un sentore di carezze, una rincorsa di essenze che vengono tutte a concentrarsi nel cerchio della tazza. Una tazza che a volte stringo con entrambi i palmi delle mani e che altre volte sta leggera e preziosa agganciata a pollice e indice. Io e il mio caffè. Il mio caffè e io. Non disturbateci.

Lo bevo amaro perché trovo che lo zucchero ne altererebbe il sapore. Nella nostra famiglia, il ramo della bisnonna Maria lo prendeva amaro, così pure Simonetta e gran parte di zii e cugini, tra cui lo zio Iero, grande estimatore del caffè non dolcificato. Mio padre, mia madre e mio fratello invece lo prendono zuccherato. Papà beve zucchero con caffè, a dire il vero; credo che preferisca di gran lunga il sapore dello zucchero a quello del caffè, e mio fratello ha preso da lui.

Siamo davanti a due fazioni: "zuccherato" o "amaro". Sorrido, ma da come si beve il caffè si possono cogliere sfumature dell'anima che altrimenti sfuggirebbero. Be', va da sé che diffido di chi il caffè non lo beve affatto: ci deve essere per forza qualcosa che non va per privarsene, e allora, se pur ironicamente, consegno questi soggetti al loro inferno…

Simonetta preferisce la caffettiera napoletana (che io non ho mai utilizzato), fatta di latta leggera, composta da due contenitori comunicanti, con il caffè nel mezzo. Raccontato da lei, il procedimento suona quasi poetico. Quando l'acqua all'interno di uno dei due scomparti bolle, si capovolge la caffettiera sul fornello spento.

L'acqua calda attraversa il serbatoio del caffè e lentamente, goccia a goccia, scende nell'altro contenitore, quello col beccuccio, trascinandosi dietro tutti gli aromi della miscela.

La differenza rispetto alla moka è che quest'ultima è veloce, tutto e subito, mentre la napoletana è lenta, sprigiona profumo e piacere a ogni goccia che cade. Simonetta dice: «La caffettiera napoletana è la cosa più sensuale della cucina che conosco». Ripete spesso che è un vero peccato che non esista après l'orgasme la machine à café al posto della tradizionale sigaretta, troppo legata a consuetudini maschili.

Beato sia il caffè, beata sia la mattina che si apre con il suo profumo. Fra il sonno e la veglia, fra sogno e realtà, mi piace pensare a quel ponte gentile che, amaro o zuccherato che sia, è pur sempre dolce, e con grazia dà pace ai pensieri.

Un bicchiere da vino sempre vuoto

Papà era astemio e mamma, che invece non lo era, diceva che preferiva comunque non bere vino da sola. Nonostante nessuno dei due bevesse, sul carrello o sulla credenza c'era sempre una bottiglia del vino nostro; e a tavola, accanto al bicchiere dell'acqua, c'era sempre quello per il vino, che immancabilmente rimaneva vuoto.

Da piccola non capivo perché quel bicchiere dovesse essere messo in tavola se non lo si usava. Chiedevo a mamma, ma la sua risposta, sempre la stessa, era vaga: «Si fa così». Decisi allora di giustificare la presenza di quel bicchiere trascurato: doveva essere mio e pieno d'acqua. Quando, com'era costume, dopo pranzo raggiungevo i miei genitori che erano ancora a tavola, fingevo di avere una gran sete. Uno dei due quindi versava dell'acqua nel bicchiere da vino e me lo porgeva. La cuntintizza di essere considerata abbastanza cresciuta da poter bere da un bicchiere dei grandi solleticava la mia vanità, e mi sentivo tutto d'un tratto adulta.

Poi cominciai a chiedermi cosa sarebbe stato di quel bicchiere se non fosse stato utilizzato. Sarebbe stato lavato dopo la sparecchiata? Perché lavarlo, se era pulito? O sarebbe ritornato al suo posto dentro la credenza per essere tirato fuori di nuovo l'indomani? Per scoprire la sua sorte, decisi di rubacchiare i colori alimentari in polvere usati per la preparazione dei dolci – verde, rosso, giallo – e metterne un pizzico nei bicchieri da vino dei miei genitori, senza che ne nessuno se ne accorgesse. Volevo assicurarmi che venissero lavati. A Francesca, la cameriera di mia mamma, però il mio trucco non sfuggiva, e prima di sparecchiare si chinava su di me e mi bisbigliava all'orecchio: «*Tinta* sei!».

LA CUNTINTIZZA VIENE MEGLIO
QUANDO SI È SOLI

Ma quella sensazione è mia

In compagnia si gioca, si ride, si bisticcia, si è contenti, si soffre, si piange, si è umiliati, si è offesi e poi si fa la pace. Tutto quello che avviene non è prevedibile né controllabile.

La cuntintizza invece è qualcosa che avviene in me, ovunque io sia e nei modi più impensati, attraverso lo snodarsi del pensiero e delle emozioni o attraverso l'evidenza del mondo attorno a me.

Può capitare dovunque, può durare fino a quando voglio, ripetersi o manifestarsi una volta soltanto. Può scaturire da dentro oppure dal contatto con un oggetto, con un volto, con un luogo, con una visione, può essere legata a un essere umano, a un animale o semplicemente a un paesaggio che si svela davanti ai miei occhi.

Ma quella sensazione è mia, solo mia dall'inizio alla fine.

La cuntintizza vive bene ed è duratura quando siamo noi due sole, senza interferenze altrui, in segreto. Fatico a provarla quando ho a che fare con altri o ad altri devo dar conto.

La cuntintizza non è condivisibile, ma neppure vuole essere nascosta.

A me piace camminare

A me piace camminare, per strada, in città, in campagna, sulla spiaggia e sulle montagne. Non si è mai soli, camminando, intornio a noi c'è un mondo da scoprire; e quando ci si stanca della contingenza, subentrano i ricordi e l'incombere del futuro, tutto suona possibile e si colma di prospettive.

C'è tanto da vedere, da soli, e da pensare, quando si cammina.

A quattordici anni, ottenni una magnifica pagella per la licenza ginnasiale. A scuola, per vedere i risultati, c'ero andata con Giuliana, la nostra bambinaia, e mia sorella, e subito dopo corsi dalla nonna, per darle la bella notizia. Per strada mi sentivo leggera, trasparente, come se mi stessi scomponendo in minuscole particelle che salivano nell'aria. Guardavo in basso i platani del viale della Libertà e i passanti rimpiccioliti come formichine, ed ero decisamente felice.

In questi ultimi anni, il Coronavirus mi ha insegnato a non avvicinare nessuno, dunque mi capita spesso di prendere strade mai percorse, fermarmi davanti a negozi che non avevo mai notato, attraversare giardini e guardare le piante come se fossi un esploratore. E la complessità di quel quadro si offre a me, come se m'avesse aspettato a lungo; allora accetto la sfida, mi guardo intorno, osservo, penso, medito, godo della bellezza di Londra, la mia seconda città.

Di recente ho fatto una passeggiata e dalla stazione Victoria ho raggiunto Belgravia, una zona ricca vicino a Sloane Square in cui vivevano i miei suoceri, piena di palazzi e piazze con giardini privati. Un percorso attraverso la Londra degli ultimi duecento anni.

Credevo di conoscerla bene, Belgravia, invece non era così. Basta entrare in una strada secondaria, oppure attraversare una delle tante *mews* per rendersi conto che quelle che un tempo erano le stradine di servizio dei palazzi in cui si trovavano le abitazioni delle persone di servizio, le stalle, le rimesse delle carrozze e perfino minuscoli recinti per le pecore, un micro-mondo di comfort, sono state trasformate in luoghi di *entertainment*; vi si trovano anche pub molto eleganti. Per la maggior parte gli edifici delle *mews* sono diventati abitazioni di privati e non dipendono più dai palazzi per cui erano stati costruiti.

Mentre camminavo, pensavo alla Londra ottocentesca di Charles Dickens, dove i ricchi e i poveri vivevano uno accanto all'altro senza mai familiarizzare. Oggi le *mews* sono state riciclate e adattate per accogliere i giovani brillanti e superpagati che lavorano alla City, e che abitano ai piani alti di queste viuzze, felici di una vita "da villaggio" in centro città.

Non ho mai desiderato vivere nelle case a schiera di lusso di Belgravia: cinque piani, senza terrazza o giardino, intonacate di bianco, hanno scale interne ripide che io, da pigra siciliana, trovo stancanti, e le stanze dei bambini sono nei piani alti, lontano da quelle dei genitori. I balconi stretti della facciata sono sempre adornati da piante ornamentali, neanche una a uso culinario – nemmeno una grasta di rosmarino o di prezzemolo!

Lì tutto è pensato per fare bella figura e ribadire al mondo quanto si è ricchi.

I ricchi son contenti

Compiacersi di essere ricchi è un sentimento tanto diffuso quanto pericoloso. Chi si abitua e dipende dalla ricchezza teme fortemente che questa possa diminuire e perfino scomparire, a causa non soltanto di un evento drastico come una guerra, un'epidemia, ma anche di un cambiamento sociale, un crollo della Borsa. Il progresso stesso crea nuove fonti di ricchezza e prosciuga quelle vecchie.

Chi è veramente "contento" non dipende dal benessere di cui gode.

L'avaro è l'emblema della *scuntintizza*: teme costantemente di perdere quanto possiede, mentre il prodigo è incapace di trattenersi dallo sperperare quanto possiede.

Tra i destini dei due non so quale sia il peggiore. In ambedue è assente quella sorta di sognante serenità che, quando appare, ci fa più vivi.

San Simeone

La cuntintizza del solitario esiste ancora.

Gli eremiti si trovano in tutte le religioni. Il fatto che vivano da soli, lontano dagli altri esseri umani, non li rende infelici.

Il mondo dell'eremita è apparentemente estraneo al contatto con gli altri umani, e si contenta di una profonda, pensosa solitudine, ma basta osservare con attenzione per capire che l'eremita non è mai veramente "solo".

San Simeone era un asceta di umili origini, figlio di un pastore di Sis, nei pressi di Antiochia. Visse per trentasette anni su una piccola piattaforma in cima a una colonna a trenta chilometri da Aleppo. Della colonna è ancora visibile la base, tra le rovine dell'enorme edificio e della basilica costruiti in onore del santo dopo la sua morte, avvenuta nel 459. Il complesso è molto originale e caratteristico per le sue mura esterne, le cisterne e i sotterranei, e cessò di vivere con la partenza dei Crociati. In Siria è l'unico esempio di monasteri di questo tipo.

Per oltre cento anni, furono molti quelli che seguirono l'esempio di san Simeone, e vennero chiamati Stiliti.

I motivi per cui il santo aveva deciso di ritirarsi sul capitello di una colonna, dove viveva nudo alla mercé della pioggia e del sole, anziché in un eremo, sono tuttora sconosciuti. Le testimonianze rimaste raccontano che il santo fosse molto amato e facesse miracoli. Per mangiare calava un cestino che i fedeli riempivano, e poi lo tirava su. Si racconta che avesse un gran seguito e i fedeli lo interpellassero spesso chiedendo consigli o intercessione divina.

L'amico che mi faceva da guida in Siria era convinto che il santo avesse avuto una vita piena, perché nonostante fosse esposto alle intemperie non si lamentava della sua scelta, e la preghiera e i fedeli gli offrivano quel *tanticchia* per sopravvivere bene.

Quando facevo ricerche per il romanzo *La monaca,* ho visitato numerosi conventi e monasteri di clausura per avere un'idea più precisa della vita che vi si conduce. Nel passato, molte donne furono costrette alla vita monacale, che costava alla famiglia meno della dote di matrimonio. Oggi invece le monache di clausura sono tali per una loro scelta, alla quale spesso la famiglia è contraria. Quelle che ho incontrato vivevano e lavoravano con grande serenità. Ho avvertito in loro, nell'aria che le circondava, un profumo di cuntintizza.

Vedere e disegnare

Avevo cinque anni quando ottenni il permesso di allontanarmi di tanto in tanto dalla fattoria Mosè, ma non più di cento metri oltre il portone principale. In quelle uscite mi portavo carta e matita per disegnare, ma non completai mai un singolo disegno: c'era troppo da vedere, troppo da fare, troppo da scoprire.

Osservavo la corteccia degli alberi su cui erano inchiodate larve di insetti, ne sollevavo un pezzo per osservare le formiche lavoratrici che salivano e scendevano lungo il tronco, in fila, evitando accuratamente i vermetti arrotolati su se stessi per sfuggire ai becchi degli uccelli. I grilli sembravano un esercito che proteggeva gli alberi e i loro abitanti: saltavano qua e là, guardandomi perplessi; poi, rassicurati, si allontanavano svolazzando.

Dalle loro tane sotto i grossi piedi degli ulivi millenari, sbucavano le teste puntute delle lucertole. Essendo miope, le individuavo soltanto da vicino e mi facevano paura: parevano minuscoli dinosauri mimetizzati contro la corteccia degli ulivi e le piante selvatiche. Sapevo già che erano formidabili predatori e che dovevo rispettarle, perché, diceva mio padre, la loro lingua forcuta era fatta apposta per acchiappare le formiche, che una dopo l'altra continuavano imperterrite il loro percorso senza cercare di salvarsi da quella trappola collosa.

Mi piaceva il frinire delle cicale, e amavo sentire i tonfi leggeri dei rametti che si staccavano da soli dal ramo principale, senza alcun motivo apparente, e cadevano in terra.

Mi piaceva il soffiare del vento, che faceva tremolare le foglie degli ulivi, mostrando i due colori delle foglie, argentata la parte di sotto e verde quella di sopra.

Mi piaceva scorgere a distanza la lepre in corsa. Poi si fermava, ci guardavamo, ci squadravamo, e infine nelle nostre lingue reciprocamente incomprensibili ci chiedevamo (ne ero sicura): «Chi sei?», «Che fai?», «Perché sei qui?», «Hai mangiato?». Mi sembrava che mi capisse. Poi, la grande delusione: la lepre tutto a un tratto spiccava un balzo e spariva nel nulla.

Mi piacevano le farfalline dalle ali marrone e giallo, che svolazzavano sempre in coppia, forse si corteggiavano, forse erano madre e figlia, comunque mai sole. E mi piacevano perfino i vermi lunghi, attaccati alle pietre dei muretti a secco ai lati della stradella, alla ricerca di cibo.

Osservavo piante e animali, ne studiavo le forme, i colori, ascoltavo zoccolii, grugniti, latrati, e quel guardare, quel lasciarmi soverchiare dal linguaggio della natura non mi faceva sentire sola. Tutto era una fonte costante di sorprese, e io stessa mi lasciavo sorprendere, incapace di anticipare cosa avrei visto.

La mulattiera

Alla fattoria Mosè seguivo anche la vita dei contadini. Ogni mattina i ragazzi andavano in groppa ai muli all'abbeveratoia Torre che Parla, la sorgente di acqua potabile a cui si dissetavano gli animali domestici – pecore, asini cavalli e cani – e da cui si attingeva l'acqua per la fattoria.

Il loro era un lento andare sulla strada costruita dagli antichi Romani e ancora intatta: ai lati c'erano vecchi muri di pietre a secco e sulla carreggiata due file di pietre piatte su cui transitavano le ruote dei carretti; al centro una striscia di terriccio che d'inverno diventava melma.

Io ero convinta che quelle vie fossero ancora più antiche, che fossero le strade rotabili della greca Akragas, così m'aveva detto zio Peppinello, a cui credevo ciecamente – lo consideravo il colto e il saggio della famiglia. Anni dopo la sua teoria fu confermata in pieno: una quarantina di anni fa, furono scoperte nel nostro uliveto millenario, a due passi dalla sorgente, una quantità di tombe greche del IV secolo a.C. Oggi i maggiori reperti sono esposti nel Museo Archeologico di Agrigento.

Al posto delle bisacce, sulla schiena dei muli i contadini poggiavano dei cerchi di ferro in cui venivano inserite due *giarre* vuote che al ritorno sarebbero state piene di acqua potabile della sorgente.

Al lento passare degli zoccoli dei muli, il sonnolento mondo animale si riscuoteva. Lepri e conigli, non più timorosi, sbucavano da dietro i tronchi degli ulivi e osservavano la carovana curiosi, alcuni si avvicinavano, certi di non essere *impallottati*, perché i muli erano guidati da ragazzini sotto i quattordici anni privi di fucile. Il ragazzo-guida cavalcava il primo mulo della fila, gli altri preferivano camminare a lato del proprio animale, per tagliare verdure selvatiche lungo i bordi o, secondo la stagione, raccogliere mandorle, azzaruole e melograni dagli alberi i cui rami sporgevano sulla stradella.

Il cammino costeggiava i campi e poi attraversava a valle l'uliveto millenario. Talvolta la carovana era accompagnata dai canti dei contadini che lavoravano negli appezzamenti limitrofi. I ragazzi che andavano "all'acqua" invece non cantavano mai: totalmente rapiti da quello che c'era attorno, erano attenti a tutto. Passando sotto i rami degli azzaruoli – alberi indigeni che producono meline lucide, tonde, dal gusto dolciastro, con tre piccoli semi all'interno – i più alti si inginocchiavano sulla sella e sollevavano le braccia per raccogliere i frutti con una mano sola, l'altra ben salda sulle redini.

La carovana generava una musica tutta sua: *clop-clop, clop-clop* sulle pietre. Nella discesa verso la sorgente il ritmo accelerava: *clop-clop-clop-clop, clop-clop-clop-clop, clop-clop-clop-clop.*

L'abbeveratoia consisteva di una serie di lunghe vasche di pietra da cui sgorgava l'acqua della sorgente e che confinava con la *trazzera*, una delle centinaia di strade pubbliche tra terreni confinanti create dai Borbone in tutta la Sicilia e usate anche per la transumanza.

I ragazzi riempivano i *bummuli* di acqua, attenti a evitare le onnipresenti sanguisughe. I cani li accompagnavano; rinvigoriti dopo aver bevuto abbondantemente, a turno facevano da staffetta sulla via del ritorno, arrivando in fattoria prima dei muli, rallentati dalle *giarre* di acqua.

Al rientro il *clop-clop* rallentava il ritmo; il carico pesava, e i muli erano stanchi e così i loro padroni. Eppure dal volto dei contadini e dai musi dei cani trasudava un non so che di cuntintizza, che esprimeva la soddisfazione di avere lavorar sodo, di essere parte integrante della fattoria e di non avere mai fatto traboccare l'acqua dalle *giarre*.

La mancanza di acqua potabile, più di quella di cibo, porta a una morte veloce. Quelle erano le carovane della vita, le carovane della cuntintizza.

Oggi nella nostra campagna è rimasta la stradella, ma l'abbeveratoia è scomparsa. La *trazzera* è diventata un raccordo tra due strade statali, un lungo rettilineo su cui sfrecciano le automobili. Ma quando ci vado, almeno una volta faccio a piedi il viaggio "all'acqua" per ricordare il passato. Non capita spesso, però. C'è un silenzio che mi disturba. La strada è intatta, i muretti a secco ai lati della *trazzera* hanno bisogno di attenzione ma reggono gli anni; gli alberi di ulivo e i mandorli sono esattamente come prima, tranne per la potatura degli ulivi, che li ha sfoltiti notevolmente per permetterne la raccolta a pettine.

Non si sentono più il *clop clop* degli zoccoli dei muli e il lento, faticoso passo degli asini, il cantare dei contadini e dei ragazzi. Non ci sono cani e lepri che origliano (o se ci sono, sono nascosti). È finita la comunione che esisteva prima tra uomini, animali domestici e selvatici, terra e acqua. Per sempre.

I fichi d'India

Se penso alla campagna siciliana, immagino subito distese im-
mense di grano con le spighe che si piegano al movimento del ven-
to assomigliando alle onde del mare. Penso agli agrumeti profu-
mati e colorati di arancio e di giallo, con le piante piene di frutti
ricchi e pesanti. Penso al verde brillante delle olive che cascano
dagli alberi carichi negli uliveti. E quando penso alla mia cam-
pagna, oltre a tutto questo, penso anche al frutto che è divenu-
to un po' il simbolo della nostra terra, il fico d'India. Un legame
vero che va ben oltre la valenza emblematica. Assieme agli agru-
mi e agli ulivi, è lui l'immagine della campagna.

Il fico d'India è un frutto che prima non veniva coltivato. Quan-
do, circa trent'anni fa, mio padre impiantò a piano San Paolo, una
frazione di San Basilio, le prime pale di fico d'India, la sua era
un'idea innovativa rispetto alle colture classiche, e in quella zona
iniziò da subito a dare ottimi risultati. Io posso dire di aver avuto
la fortuna di osservare da vicino tutte le fasi di questa transizione.

In precedenza infatti il fico d'India era una pianta spontanea
utilizzata per delimitare i confini di un terreno, o cresceva vici-
no ai ruderi e lungo le coste isolane. Di certo non c'era nessuno
che se ne prendesse cura o ne consumasse i frutti. In seguito, si
iniziò a studiarne e conoscerne i benefici sorprendentemente nu-
merosi, tanto da pensare di avviarne la coltivazione.

*L'*Opuntia ficus indica, *questo il nome scientifico del tanto* caro fico d'India, ha origini tutt'altro che siciliane, né tanto meno indiane, come potrebbe erroneamente far credere il nome. È una pianta messicana, considerata sacra dagli Aztechi e il cui nome, "nopal", fa riferimento alle foglie della pianta, le pale, per l'appunto (in azteco nopal vuol dire foglia). Nonostante le lontane origini si è ambientato molto bene nei terreni della macchia mediterranea, in particolare in quelli della Sicilia orientale, che sono diventati la sua seconda casa.

Questa pianta grassa ricoperta di spine è solo all'apparenza ostile. La sua forma curiosa la rende in verità molto affascinante. La sua struttura così caratteristica si genera gettando sul terreno un paio di pale che fungono da base dell'intera pianta; da queste spuntano altre pale che crescono generandone a loro volta altre, fino a costruire un solido impianto che si ramifica in un fitto intreccio. Alla base restano evidentemente le pale più vecchie, mentre salendo verso l'alto si trovano quelle via via sempre più giovani.

Questa forma a me ha sempre ricordato un abbraccio. Un'immagine accogliente, confortante e rassicurante che sa di famiglia. Incastonati in questa folta e sicura "gabbia" di pale spinose come gemme preziose ci sono i frutti, ricchi di polpa e in tre varianti di colori sgargianti: rosso rubino (il più desiderato), giallo oro e poi quello chiamato "bianco", che in realtà è di un colore verde chiaro. Eppure quando sono sulla pianta, ricoperti di buccia e spine, è difficile capire quale dei tre colori vi si nasconda. Una volta eliminato l'involucro esterno (cosa non facilissima se non si conosce la tecnica giusta), scoprire quello che c'è sotto è una piacevole sorpresa. Vederli tutti e tre vicini, sbucciati e invitanti, è un piacere per gli occhi, un inno alla fantasia della natura e alla bella stagione.

Nelle tre diverse tipologie di frutto c'è chi trova anche una differenza di gusto; io sono tra quelle. Il rosso, che tutti vogliono perché esteticamente irresistibile, è quello dal sapore meno deciso, il giallo ha il gusto più intenso e il bianco, forse il meno ambito, è il più zuccherino. Ma ognuno ha la propria opinione in merito.

Il fico d'India è anche una pianta saggia e risparmiatrice – forse anche per la sua natura di pianta grassa, abituata all'adattamento anche in circostanze estreme – che non indulge agli sprechi. Di questa pianta infatti non si butta via niente, persino le pale hanno una loro utilità. Quelle giovani e tenere si possono utilizzare in cucina come ingrediente innovativo, quelle più vecchie e spesse vengono date alle mucche, così come le bucce dei frutti.

I fichi d'India sono i frutti delle grandi abboffate estive, visto che tra fine luglio e fine agosto è il momento degli "agostini", che derivano dalla prima fioritura e sono più piccoli. I tardivi o "bastardoni" sono invece il risultato della seconda fioritura, ottenuta tramite una procedura che si chiama "scozzolatura": si elimina manualmente il primo fiore della pianta in favore del secondo. Questi si trovano da fine settembre fino quasi a dicembre, hanno più polpa dei primi e dunque sono i più prelibati.

Nella nostra famiglia, per il compleanno di mio padre, il 27 di luglio, è usanza concludere i festeggiamenti serali con una piramide dei primi fichi d'India del raccolto stagionale, serviti ghiacciati. La montagna di frutti viene adagiata su un enorme piatto di ceramica decorata di Caltagirone, il paese della nostra campagna.

A chiudere la piramide è sempre e rigorosamente un frutto rosso rubino.

Palermo

Avevo tredici anni ed ero prossima a frequentare il ginnasio; la mia famiglia s'era trasferita da Agrigento a Palermo, dove vivevano zio Giovanni e zia Teresa, i fratelli maggiori di mia madre. Nella capitale dell'isola io e mia sorella Chiara avremmo ricevuto un'educazione più costante e migliore di quella offerta nella provincia, fino all'università. Io ne ero felice; a Palermo ci ero nata e ogni inverno vi trascorrevamo due mesi ospiti di zia Teresa e zio Peppino, suo marito, occasione in cui ritrovavo anche il cugino Silvano, mio coetaneo.

Da tempo desideravo frequentare lì la scuola pubblica. Palermo è l'ombelico del Mediterraneo: negli ultimi duemilasettecento anni tutti i popoli marinari del Mediterraneo vi sono passati, a cominciare dai Fenici, che l'hanno fondata. Per me, resta ancora oggi la città più bella che conosca, e senza dubbio quella dove si mangia meglio.

«Ma deve essere protetta e preservata bene» mi diceva mio padre, quando andavamo a prendere il gelato alla gelateria Ilardo, al Foro Italico, che noi chiamiamo la Marina. Lì, tra la Cala e Acqua dei Corsari, si trova il primo porto di Palermo, creato dai Fenici duemilasettecento anni fa. Accanto, sul lungomare, c'era la storica passeggiata dei palermitani sotto le mura della città, da cui si godeva la vista del magnifico mare blu che bagna la città, del monte Pellegrino a sinistra e dell'Aspra a destra.

Seduti al caffè Ilardo, assaporando la granita di caffè con panna, papà mi raccontava che prima della Seconda guerra mondiale i palermitani da lì godevano della vista del blu profondo del Mediterraneo e del suono delle onde del mare che si frantumavano sugli scogli.

Ma la Marina non esiste più. «Non c'è più il nostro mare» diceva. E mi spiegava che il Comune di Palermo aveva buttato su quel tratto di costa le rovine del bombardamento dagli Alleati, con il risultato di allontanare il mare di ben duecentoquaranta passi – li aveva contati lui, e li ho ricontati io di recente. «È uno scempio commesso da chi avrebbe dovuto tutelare la nostra città, e non deturparla, offenderla e umiliarla» diceva papà. Ero e sono d'accordo con lui. Adesso sulla piana crescono a caso alberi e arbusti. Non c'è neppure una panchina su cui sedersi. Di sera è frequentata da spacciatori, prostitute ed emigranti illegali che tentano di sbarcare il lunario. Per il resto la Marina è vuota e deserta. E il mare non si vede più. Un affronto alla mia città.

Palermo era ricca di acqua dolce e potabile, che scendeva dalle montagne ed era incanalata verso le torri dell'acqua, un'invenzione ingegneristica fenicia che è sopravvissuta per più di duemila anni. Quando ero piccola, un giorno mio padre mi fece notare un muro di mattoni a nudo, stretto, alto e poderoso, che sembrava una torretta e fiancheggiava una stradina dietro il Teatro Massimo. Tra i mattoni si individuavano decine di condutture di acqua perpendicolari. Papà mi spiegò che lì passavano le acque dolci, che scendevano dalle montagne attorno a Palermo per poi essere convogliate in torri da cui i cittadini potevano attingere direttamente; in alternativa, a pagamento, potevano incanalare l'acqua in condutture private per alimentare serbatoi o pozzi di loro proprietà.

Anziché essere raccolta in serbatoi sotterranei, l'acqua era intubata nelle torri, e ogni tubo apparteneva a un gruppo familiare. «Le chiamavamo Giarre, le torri dell'acqua» diceva papà, «e hanno provveduto alle esigenze idriche di Palermo sin dai tempi dei Fenici. Sono state loro a portare l'acqua dalle sorgenti della Conca d'Oro in città tra il Cinquecento e il Seicento. Il "grande secolo dell'acqua" lo chiamavano, e c'erano anche tante fontane. Il sistema funzionò fino al 1860, finché poi non arrivarono i Piemontesi!» aggiungeva con un sospiro.

La storia e il successo delle torri dell'acqua e poi delle innumerevoli fontane mi inorgoglisce tuttora. Così la mia meravigliosa città si dissetava e si trastullava. Mi piace pensare a come l'acqua scendeva dalle montagne nella piana, e da lì risaliva lungo i tubi inseriti nella torre per raggiungere il livello della falda da cui proveniva, andando a dissetare tutti i palermitani, ricchi e poveri, consentendo loro di cucinare, lavarsi, coltivare un orto, creare una fontana. Senza dimenticare che grazie alle torri dell'acqua l'intera Conca d'Oro, come si chiamava la piana di Palermo, era tutta un giardino di limoni e arance annaffiati dall'acqua delle montagne.

Ogni volta che torno a Palermo passo a salutare queste torri. Sono numerose – tutte nella Palermo vecchia e nella piana – e non facilmente identificabili da chi non le conosce.

A est, alla fine di via Maqueda, si trovano le mura fenicie. Mi piace pensare che per più di duemilacinquecento anni i palermitani abbiano mantenuto in vita questo sistema di irrigazione. Mi piace soprattutto pensare che, grazie alle torri dell'acqua, anche i poveri della città potessero avere acqua pulita e potabile, e mi inchino dinanzi all'intuizione e all'intelligenza degli ideatori di queste ingegnose costruzioni.

So che adesso si possono visitare i percorsi sotterranei in cui sono stati incanalati i fiumi della Conca d'Oro. Non li ho ancora visti e per il momento non voglio vederli: questa è la cuntintizza che mi voglio tenere per ultima, il tassello finale del mosaico della mia città; non sono ancora pronta per questa esperienza.

Parte della cuntintizza è sapere che ci sono tante altre esperienze da fare, tanto altro da vedere e da conoscere. Sta a me andare a scoprirle, sta a me decidere quando goderne. Questo desiderio di procrastinare, di centellinare ha origini lontane. Risale a quando, da ragazzina, mi si ripeteva spesso la frase "Vedi Napoli e poi muori", attribuendola a Goethe, che da allora mi suonò lugubre. Goethe visitò a lungo Palermo, ma evidentemente non l'apprezzò come Napoli.

Chi vede Palermo, chi la conosce bene e la apprezza non oserebbe mai dire "Vedi Palermo e poi muori", ma si attaccherebbe disperatamente alla prima pietra, al primo muro, alla prima scalinata, avvinghiandocisi proprio per non morire. Io direi: «Vedi Palermo e poi godi».

Cambridge

Avevo diciassette anni ed ero a Cambridge per imparare la lingua inglese. Nel tempo libero, per arrotondare la paghetta dei genitori, facevo la stiratrice per una signora inglese; ricevevo cinque scellini all'ora. Il momento in cui ricevetti la mia prima paga è indelebile nella mia memoria: dunque il mio lavoro era retribuito! Per quanto piccolo, era un contributo alla mia sopravvivenza. Fu allora che mi convinsi che un lavoro mi avrebbe sempre dato dignità e cuntintizza, e che avrei sempre potuto contare su me stessa. Ne scrissi a papà; la sua risposta fu come sempre breve, ma chiara: "Brava!". Mio padre non m'aveva mai detto "brava" prima.

Le madri

Le donne che lavorano e allevano una famiglia corrono il rischio di dimenticare cosa può renderle intimamente soddisfatte, felici. Eppure sono proprio le donne quelle più capaci di creare le condizioni di una vera, profonda intimità con se stesse, e dunque di attingere alle sorgenti più antiche della cuntintizza. Sono condizioni che dovremmo coltivare costantemente, per goderne appieno, e per conservarne memoria e attivarla quando se ne ha più bisogno.

Spesso le madri ne rimangono escluse, e pur consapevoli dell'autentica beatitudine che il loro corpo sa creare, per sé e per chi hanno generato, antepongono il bene dei figli a se stesse.

Tutti abbiamo bisogno di isolarci dagli altri, anche se per poco. Per quanto prioritaria sia la maternità, essa non ostacola di per sé la ricerca di altre forme di gioia e pienezza che sono nutrimento dello spirito, ristoro duraturo, premessa di sereno abbandono a se stesse. Le mamme che preservano almeno una tra le proprie cuntintizze sono in genere più equilibrate di quelle che vi hanno rinunziato del tutto per dedicarsi interamente ai figli; queste, quando i figli sono cresciuti, si lasciano andare a ricatti morali e lamentele perché, essendo diventate col tempo molto possessive, finiscono col sentirsi "trascurate".

PERSONE

Frankie Hornby a tre anni e a diciotto anni

Domenica 11 luglio 2021 è stato per me un giorno di particolare cuntintizza: ho ricevuto da mio figlio Giorgio la pagella e un ottimo commento finale del preside del Dulwich
College, la scuola privata dove mio nipote Frankie aveva
appena concluso gli studi superiori. A settembre sarebbe
andato all'università. Frankie non è mai stato il più studio-
so fra i nipoti ma è quello più affettuoso con me. Confes-
so che non m'aspettavo un giudizio così positivo e acuto, e
mi sono quasi commossa leggendo gli splendidi commen-
ti dei professori.

Di Frankie ricordo che quando aveva tre anni, una volta mi chiese: «Nonna, *do you like cuddles?*». Ero rimasta perplessa nel sentirmi domandare se mi piacessero le coccole,
e lui si sentì in dovere di spiegarmi il motivo della sua domanda: «*I'm full of cuddles and there are many people who would
like cuddles from me*», "Sono pieno di abbracci e tante persone li vogliono da me!". E poi si spinse oltre, offrendome-
ne uno: «Nonna, *do you want a cuddle from me?*». Prima che
potessi rispondergli, Frankie m'aveva gettato le braccia al
collo in un abbraccio forte, e poi aveva poggiato la testa tra
collo e spalla – gli occhi chiusi, le manine sulla mia schiena
che fremevano, il suo cuore che batteva forte. Non mi die-
de un bacio (come mi sarei aspettata) né osai farlo io. Gli

bastò quel contatto per renderlo felice. Era il suo momento di cuntintizza, anzi il nostro. Rimanemmo così, stretti l'uno all'altra. Poi le mani di Frankie si staccarono da me e lui si rannicchiò sulle mie ginocchia: era il mio turno e cinsi le braccia attorno a lui. Dopo qualche minuto, ne ebbe abbastanza, scivolò giù dalle mie gambe per raggiungere i cugini che giocavano insieme, ma non prima di avermi detto velocemente: «*I feel better, nonna, thank you*», "Va meglio, nonna, grazie".

È stato un raro momento di cuntintizza condivisa, che mai dimenticherò.

I genitori di Darshana a Mosè

La monacanza, che io credevo fosse prettamente cattolica, esiste in tutti i Paesi e in tutte le religioni. E in molte modalità.

I monasteri del giainismo, la religione più individualistica e profonda che conosco, accettano donne sposate. La madre della mia amica Amina accettò di sposarsi per obbedire ai propri genitori – dei mercanti indiani che avevano una succursale nella City di Londra – ma a patto che, quando il figlio più giovane avesse raggiunto la maggiore età, lei potesse lasciare Londra per un convento giainista nel Rajasthan. E così avvenne.

Amina va a farle visita ogni anno. La madre, come tutti i monaci giainisti, non indossa abiti, passa la scopa sul terreno prima di camminarci per evitare di far male alle formiche e a tutti gli animaletti che vi brulicano e vive felice nel silenzio e nella preghiera. La figlia approva la scelta della madre e non ha mai sofferto la sua mancanza perché da quando è nata ha sempre saputo che così sarebbe stato.

La religione giainista è antica, totalmente rispettosa della natura, e poiché nel giainismo è proibito mangiare tutto ciò che può riprodursi, l'alimentazione prevista è povera di ingredienti. Sono esclusi carne e pesce, e così il latte – consentito soltanto per nutrire i piccoli – e le piante o i frutti che possono procreare. Si mangia quello che "cade" come una pera, che non danneggia la pianta, o ciò che di una pianta, una volta sottratto, non la distrugge, come per esempio le foglie esterne della lattuga, che si possono asportare lasciando sopravvivere la pianta. Aglio, patate e cipolle sono esclusi. Per insaporire il cibo i giainisti ricorrono alle radici secche di zenzero. Nonostante ciò, la cucina dei *jain* è gustosa, anche se limitata, e le famiglie giainiste sono moderne, colte e felici.

Anni fa i genitori della mia grande amica Darshana Bhogilal furono ospiti a Mosè. Dato che anche i Bhogilal sono *jain*, c'eravamo date da fare tutte in casa per preparare un menu gustoso seguendo le prescrizioni del loro credo. Era Pasqua e un amico ci aveva regalato una pecora di pasta reale ripiena di pistacchio e zucchero, una ricetta tipica di un convento di Favara, il paese della famiglia di mamma. Proposi dunque a mia madre di portarlo a tavola alla fine del pranzo. Lei non era sicura che quella pecorella sarebbe stata gradita, ma io la rassicurai: «È fatta soltanto di mandorle, pistacchi e zucchero, tutte cose che i *jain* mangiano». Lei mormorò: «Sempre pecora è...» ma io non le diedi conto.

Il pranzo fu un gran successo fino a quando io spuntai dalla cucina con un vassoio d'argento con sopra la pecorella di Favara ricoperta di glassa candida, decorata con fiori di pasta reale colorati. Mentre spiegavo l'origine religiosa del dolce e davo i nomi degli ingredienti, mamma mi guardava ansiosa, mandandomi un messaggio silenzioso: "Forse non lo vogliono", ma io non ci badai e poggiai il vassoio accanto alla signora Bhogilal.

Stavo per tagliare la prima fetta della pecora pasquale dalla parte posteriore, per lasciare intatta la testa. Mi girai verso la donna per chiederle quanto ne volesse, ma quella era svenuta, le gambe *sdivacate* e il torso abbandonato sullo schienale della sedia.

Come sempre mia madre aveva ragione, e il mio tentativo di condividere la cuntintizza di assaporare quel dolce squisito era stato inopportuno e rozzo.

È difficile condividere la cuntintizza, è anche difficile spiegarla, quando si tratta di culture e religioni diverse. Bisogna starci attenti. Detto questo, negli anni seguenti portai varie volte palline di marzapane alla signora Bhogilal, che ne era ghiottissima.

Concetta Rundo di Troina

Nel gennaio di quest'anno sono stata nella Libreria Città Aperta di Concetta Rundo, la sola a Troina, un paese aggrappato alla sua montagna, sui monti Nebrodi.

La libreria era ordinata, luminosa, invitante, con pile di volumi dappertutto, arredata con sedie, mobili, tavolini realizzati con materiali di recupero. Le strade e le scalinate della cittadina erano pulitissime, la gente, rilassata e serena. Non mi sembrava neppure di trovarmi in Sicilia, ero curiosa di sapere come mai un paese come Troina fosse così lindo e pacifico, a paragone degli altri centri abituati dell'isola.

Concetta mi ha spiegato che tutto ha una matrice unica: la presenza e l'esempio dell'Istituto Oasi Maria Santissima di Troina, un'opera, più che un centro, voluta sessant'anni fa da padre Luigi Orazio Ferlauto, «giovanissimo prete di campagna», uomo di grande carisma e dai progetti utopici.

Non si può che considerare davvero utopia un'opera di solidarietà che ha cominciato con l'accogliere in una minuscola casa in affitto disabili e "figli dei quali provare vergogna", e ha finito per essere riconosciuta centro di eccellenza e Istituto di Ricovero e Cura a Carattere Scientifico (IRCCS) dal WHO, l'Organizzazione Mondiale della Sanità.

"Padre Ferlauto" si legge negli archivi che testimoniano l'operato del carismatico prete "era rimasto colpito dalle condizioni dei disabili mentali del paese e, tra il 1953 e il 1955, aveva adunato attorno a sé un gruppo ardimentoso di volontarie consacrate, con l'obiettivo di creare un Santuario della Bontà e una Casa per i disabili della Sicilia."

Con giustificato orgoglio, Concetta mi ha raccontato che nel 1996 è nata una collaborazione tra il WHO e l'istituto, in qualità di Collaborating Center for Research and Training in Neuroscience, e che alla fine del secolo scorso si è costituita a Pechino (distretto di Shunyi), in accordo con il Dipartimento di Cooperazione Internazionale del Ministero della Sanità della Repubblica Popolare Cinese, la Fondazione COCE (China Oasi Center for Epilepsy) per la cura e la ricerca nel campo dell'epilessia.

«Padre Ferlauto» ha proseguito Concetta «ci ha lasciato una grande e nobile verità: siamo diversi per capacità, quindi i più forti devono prendersi cura dei più deboli: questo è essere solidali. Tale concetto è sintetizzato bene in una frase che il sacerdote non si stancava di ripetere e che ha voluto riportare sui muri all'ingresso dell'istituto: "Ognuno è qualcuno da amare". È davvero ciò che traspare nei gesti di chi, a qualunque titolo, porta avanti quotidianamente quest'opera mirabile che è l'Oasi, ponendo al centro di tutto l'individuo, il più debole, riconoscendone le esigenze speciali e prendendosene cura secondo criteri socio-sanitari aperti, capaci di generare solidarietà.»

«Una possibilità di riscatto dall'indifferenza» prosegue Concetta «ci ha lasciato in eredità padre Ferlauto. Una possibilità che coincide con il suo più grande progetto/utopia che prese forma più di vent'anni fa: la nascita di una "Città Aperta" – da qui il nome della mia libreria» ci tiene a sottolineare Concetta, «dove forti e deboli possono convivere e condividere, ed essere insieme terreno e frutto.»

Padre Ferlauto amava spiegare la sua missione e il suo operato con alcune frasi che usava quasi come slogan. Concetta me ne ha volute citare alcune, forse quelle fondamentali: "A Dio la gloria, al prossimo l'utile, a me il lavoro"; "Amare i deboli e i malati mentali come vorremmo essere amati noi e, se possibile, amarli ancora più di noi"; "Amare i deboli senza preferenze"; "Amare chiunque bussa al nostro cuore". E mentre lei parlava, mi calava dentro una cuntintizza lieve ma indimenticabile.

Al momento del congedo, Concetta ha voluto salutarmi con queste parole: «Dovremmo accogliere gli esseri umani uno a uno. Tutti. E non solamente i meno abili. Metterci a disposizione dell'altro come vorremmo che l'altro facesse con noi».

Che grandi parole, che grande persona, che grande libraia Concetta Rundo!

La fatina degli abiti

Ci sono persone che ci fanno sentire bene perché hanno saputo regalarci belle e profonde sensazioni.

Tra i ricordi della mia infanzia c'è un laboratorio, anzi un piccolo laboratorio. Felice e saltellante, andavo con mamma al piano rialzato di un appartamento che si sviluppava in pochi metri quadrati: ingresso, poche stanze piene, ma piene di stoffe, merletti, bottoni e nastri. E in quelle stanze si realizzavano i miei sogni.

Vi si confezionavano abiti con ricamo al punto smock e altre tipologie di vestiti per gli adulti: molti abiti di mamma erano fatti lì. Pezzi unici cuciti addosso a chi li commissionava.

Mia madre mi portava lì almeno due volte l'anno: una volta quando si avvicinava il mio compleanno, ad aprile, e l'altra a febbraio, in occasione del carnevale. Due tappe importanti e colme di gioia, perché erano due occasioni di festa. Andavamo a piedi, mamma e io, dato che il laboratorio si trovava poco distante da casa. Superavamo un grande portone, salivamo all'ammezzato del palazzo e bussavamo alla porta, che si apriva solo dopo qualche tempo, lasciando intravedere subito il mistero che vi si celava.

La proprietaria ci veniva incontro, e con il suo sorriso garbato e compiacente ci invitava a entrare. Era una persona delicata, riservata, evitava le luci accecanti del bel mondo e rifuggiva la popolarità: a lei andava bene così.

Nel suo laboratorio il tempo non esisteva, e tutto quello che sognavi poteva diventare realtà. Proprio come nelle favole. Non aveva una vera e propria bacchetta magica, ma ago, filo e una macchina per cucire, tutti strumenti che nelle sue mani avevano lo stesso potere della leggendaria bacchetta. Mi viene da pensare che, oltre a essere una grande sarta, lei fosse davvero anche un po' maga, perché sapeva rendere reali e palpabili tutti i miei desideri. Aveva gli occhi di chi sa andare oltre la mera e ruvida consistenza delle cose: viveva – così mi piace pensare – in una dimensione migliore, quella dell'immaginazione, dei sogni.

C'erano mucchi di stoffe, di ritagli di merletti, di tulle, tagli dai mille colori, tutti mischiati e ammucchiati in un incantato disordine in cui solo lei, la fatina degli abiti, sapeva e poteva mettere mano. Quell'apparente confusione era testimonianza di una verità: per lei era fondamentale dare aria alle stoffe piegate e ordinate sugli scaffali, farle volare e osservare come cadevano, magari mescolandosi accidentalmente, sino a creare un inedito intreccio, un castello, un bosco di tessuti. Solo così quelle pezze avrebbero preso vita, prima di essere trasformate in abiti.

In quel laboratorio, cucire non era un lavoro, era arte, era puro amore. E quegli abiti parlavano d'amore. Una passione, quella per il cucito, che si era insinuata nella mia fatina da bambina, quando, seduta vicino alle sarte che frequentavano casa sua per provvedere a rammendi e al confezionamento dei vestiti per tutta la famiglia, ne osservava ogni movimento senza perdere neanche un dettaglio. Poi, da sola, con gli scampoli che avanzavano cuciva, aveva creato i suoi primi, piccoli abiti. Spesso a comandare la misura del vestito era la quantità di stoffa a disposizione. Meno era la stoffa, più piccolo era l'abito, o a volte a rimpicciolirsi era la bambola in pannolenci da vestire, per calzare quei panni. La bravura stava nel realizzare l'abito immaginato con quel che aveva a disposizione.

Quando entravo nel suo laboratorio mi sentivo come la protagonista di una fiaba che ogni volta cambiava, era nuova. Me ne stavo là, sospesa nell'aria, in mezzo al caos di pizzi, pezze e merletti accatastatati, tra feltri di lana e morbidissimi pannolenci di tutti i colori. E il mio preferito come sempre era il rosa.

C'era, là dentro, un odore che non potrei associare a nessun altro luogo. La mia fatina di Cenerentola frugava come solo lei sapeva fare in quel caos e riusciva a trarne un abito perfetto, ben cucito, ordinato, esattamente come io lo avevo immaginato.

Amavo anche il fatto che, quando era il mio turno, mamma mi introducesse ma poi la fatina degli abiti si rivolgesse direttamente a me, per sapere e per capire quali fossero i miei desideri. Mi sentivo considerata come un'adulta, quando lei mi chiedeva come volevo che fosse il mio abito. Eravamo importanti l'una per l'altra. Dietro quegli occhi cerulei che mi ascoltavano attentamente, intuivo che nella sua mente l'abito stava già prendendo forma, parola dopo parola, cucitura dopo cucitura.

Il vestito di carnevale, che ogni anno era diverso, la portava al massimo della sua creatività. A otto anni mi vestì da Primavera, ispirandosi alla meravigliosa creatura del Botticelli. Sulle sfumature dell'abito di leggera organza rosa-pesco, lungo fino ai piedi, cucì uno per uno dei boccioli di roselline finti, ma così belli da sembrare veri. Un altro vestito per carnevale fu quello da papavero, uno dei miei fiori preferiti: una gonnellina a petali rossi di panno, un semplice body nero come corpetto e sulla testa un cerchietto di petali più piccoli.

Smisi di vestirmi lì da adolescente, quando iniziai a preferire jeans e T-shirt, ma per i miei diciott'anni mamma mi ci riportò. Volevamo che fosse lei ad occuparsi dell'abito. Scegliemmo il blu notte, di chiffon di seta: l'abito consisteva in un'ampia gonna, fatta respirare dal tulle sottostante, che celava i piedi e fluttuava a ogni mio passo, morbidissima. Sopra portavo un corpetto lavorato di piccole perline, sempre blu ma più chiaro, e una piccola manichetta che copriva appena l'omero. Era esattamente il vestito che volevo, e indossarlo in occasione dei miei diciotto anni fu entusiasmante. Provai la stessa gioia che avevo provato da piccola, forse perché restavo sostanzialmente una bambina nelle mani della mia fatina.

Dopo la festa, come promesso, le portai una mia foto, che da allora è rimasta nell'album che raccoglie tutte le sue meravigliose creazioni. Ne sono onorata.

In un armadio dell'ammezzato ho ancora tutti quei vestiti appesi, alcuni conservati nel cellophane, altri sono piegati e riposti in una cassapanca. Le sono grata perché oltre ai meravigliosi abiti, oltre al privilegio di "costruirli" in qualche modo insieme, il tempo trascorso con lei mi ha fatto toccare con mano che, se ci credi fermamente, "il sogno realtà diverrà". Del resto sono anch'io un'inguaribile sognatrice.

Nutro ancora oggi moltissima ammirazione per il suo lavoro, e quando la incontro per me nulla è cambiato, è sempre la stessa figura magica che mi incantava da bambina. Quello sguardo e quella voce delicata, soffusa, mi riportano là dove tutto è possibile.

Zia Teresa bambina ubriaca

I prodotti della campagna che arrivavano a casa, oltre al cibo, includevano il vino, che era un ingrediente importante della nostra cucina. In Sicilia era su tutte le tavole, quelle dei ricchi e quelle dei poveri, e dunque anche le persone di servizio avevano il loro. Il vino di Mosè si diceva che fosse forte ed era usato a casa nostra per cucinare: le scaloppine che in genere erano accompagnare dal Marsala erano ottime anche con il vino di Mosè.

Il vino era presente su tutte le tavole, e dunque anche sulla nostra. Nonna Maria ne riceveva dalla cantina un paio di botticelle per volta, e ne faceva subito travasare il contenuto in bottiglie.

Zia Teresa, che allora era una bambina, era felice di aiutare: il suo compito era prendere le bottiglie vuote e darle all'impiegato che, seduto accanto alla botte, le riempiva. Poi lei portava una bottiglia alla volta nel riposto, dove una cameriera l'aspettava per metterci il tappo di sughero e riporla sullo scaffale.

Una volta, avrà avuto all'incirca sei anni, Teresa, curiosa, volle assaggiare un po' di vino. Le piacque a tal punto che a ogni tragitto ne prendeva uno o due sorsi. Poi cominciò a rallentare, camminando incerta sui suoi passi e sorridendo. Le cameriere non dissero niente, dal momento che la nonna non era presente. A un tratto, non la si vide più. Le donne la cercavano ma lei non rispondeva. Ci furono momenti di panico, fino a quando non fu trovata in terrazza, seduta per bene, ma a terra, le gambette dritte, la gonna tirata con cura sotto le ginocchia. Teresa guardava il panorama dei templi di Agrigento e ridacchiava tutta contenta: era completamente ubriaca.

Mamma, a cui questa storia fu raccontata, diceva che sua sorella ricordava perfettamente quel giorno, con un pizzico di imbarazzo e tante risate. Da allora in poi nessuno dei bambini di casa ha più aiutato nei travasi di vino. Noi invece aiutavamo la nostra mamma nei travasi di olio d'oliva.

Una rossa in famiglia

Nella famiglia Giudice si diceva che, da tempo immemorabile, a ogni generazione in famiglia nasceva una bambina dalla chioma rossa che, nonostante il proverbio *"pilu rosso malo pilu"*, secondo cui chi aveva i capelli rossi era anche di malo carattere, era molto bene accetta. Mia madre e zia Teresa sostenevano infatti che il detto non era vero: di mali caratteri in famiglia ce n'erano già tanti dai capelli neri, castani e perfino bianchi!

Io speravo tanto di avere una figlia dai capelli rossi. La speranza divenne quasi certezza quando appresi dal mio fidanzato che suo padre, che quando lo conobbi era totalmente calvo, da giovane aveva i capelli rossi. Ahimè, nessuno dei nostri figli e nipoti ha i capelli rossi, anche se Elena, la prima nipote che porta il nome della bisnonna, ha una meravigliosa chioma castano ramato.

È stato mio cugino Silvano a mantenere la tradizione, non senza l'aiuto della moglie. Insieme hanno messo al mondo Costanza, che ora scrive con me di cuntintizza e fu lei stessa, con i suoi bellissimi capelli ricci, folti e rosso fuoco, una piccola prova della bellezza del vivere. Quando la vidi, *nica nica*, bianca di pelle, con gli occhi chiari e grandi, i lineamenti perfetti e tanti ricci rossi, me ne innamorai a prima vista. Un momento importante di cuntintizza per me, madre di due figli maschi dai capelli neri.

LA CASA SEGRETA

Armadi e scatoloni

Come fossero fissate nell'eternità di uno specchio, ecco, le vedo: nonna Teresa e sua sorella Elena che "si rassettano". Portano l'immancabile filo di perle al collo, di media lunghezza, posato sui twin-set di cachemire che nonna Teresa comprava a Londra a metà degli anni Sessanta, quando ancora in Sicilia non si trovavano. Dopo ogni viaggio nonna Teresa tornava con la valigia piena di stoffe di cotone a fiorellini comprate da Liberty, il famoso negozio londinese, che poi per mano sua diventavano i miei vestitini con il ricamo a punto smock.

Dalla nonna e da mia madre ho imparato, con un pizzico di vanità, l'amore per i vestiti. Uno dei miei giochi preferiti era salire nell'ammezzato ed aprire armadi e vecchi scatoloni in cui erano stati riposti abiti, accessori, bigiotteria, scarpe. Affondavo le mani in tutta quella polverosa ricchezza che odorava di chiuso, di dismesso, indossavo tutto quello che potevo e, non vista, camminavo per casa. Mi pavoneggiavo piena di fiocchi, merletti e perline. Mi fermavo per vedere la mia immagine tutta conzata e il riflesso dei miei capelli rossi sul vetro delle finestre. Ero felice.

Non smettevo di accostare colori, cambiare accessori, costruire sul mio corpo di ragazzina una donna che non c'era ancora, ma che di fatto iniziava ad affacciarsi tra quelle stoffe, taffetà, sete e organze. Entravo in quegli abiti e ogni volta ne riemergevo differente, e la cosa più importante era che mi accettavo, mi piacevo, smettevo di essere prigioniera del rosso dei miei capelli, del fiorire delle mie lentiggini che mi facevano sentire diversa, così lontana dalla normalità.

A Palermo non se ne vedeva di gente coi capelli rossi. Capitava magari qualche turista, qualcuno che veniva da posti in cui le lentiggini erano più che comuni. Qui no. Era difficile allora avere tratti che non passavano inosservati, e che magari qualcuno si permetteva pure di compatire. Non c'era la cultura del diverso.

Ogni giorno mio fratello Giuseppe e io andavamo con la bambinaia a giocare al Giardino Inglese, uno spazio verde non lontano da casa e punto di ritrovo dei bambini di uno dei quartieri più eleganti di Palermo. Giuseppe e le mie amichette del giardino avevano normalissimi capelli castani o al massimo tendenti al biondo. Gli altri bambini, esempi perfetti di "normalità", subito si accorgevano dei miei capelli e delle mie lentiggini, e spesso puntavano il dito chiedendo a voce alta, come se io non fossi lì presente: «Mamma, mamma, perché quella bambina ha tutti quei puntini in faccia? Perché ha i capelli di quel colore?». A me si stringeva il cuore ogni volta che accadeva, e sognavo di essere come tutti gli altri.

A essere del tutto sinceri, sul momento mi rattristavo, ma mi passava in fretta. Conzarmi a quell'età era il mio personale modo di reagire e imparare pian piano ad accettarmi. Mia madre mi confortava (o a suo modo ci provava): «Amore mio, un giorno quello che tanto ti fa disperare sarà il tuo punto di forza». Era impossibile per me crederle in quei momenti, eppure il passare degli anni le ha dato profeticamente ragione.

Una volta acquisita maggiore consapevolezza, era quasi divertente sfilare spavalda davanti a quei bambini curiosi e quasi sfidarli, sorridendo tra me e me in attesa del momento in cui mi avrebbero notata. Passando e ripassando catturavo i loro sguardi fino a che cedevano alla curiosità di chiedere. A quel punto, divertita, mi allontanavo, e probabilmente quel sorriso prima nascosto affiorava sulle labbra.

C'erano comunque quegli armadi, quegli scatoloni. Lì dentro

c'era una donna, anzi c'erano tante donne, tutte le donne che avrei potuto essere, una per collana, una per cappello, una per camicia. Non importava se le gonne mi cadevano fino ai piedi. Quei tessuti mi parlavano di un'altra età, di un'altra stagione, della stagione in cui essere adulti uccide paure e timidezze. Certo, non è così: nessun vestito può farlo, ma nelle favole sì, e anche Cenerentola può andar fiera del vestito che la madrina ha creato per il ballo.

Oggi per fortuna molto è cambiato, e la bellezza del diverso è ampiamente riconosciuta: la gente ammira quello che un tempo veniva disprezzato. Lo posso testimoniare in prima persona, io che nel corso della mia vita mi sono fatta una cultura di leggende sui capelli rossi. Non avrei mai pensato che un giorno la mia chioma e tutti quei "puntini" sulla mia pelle mi avrebbero dato motivo di sentirmi "Una" (così mi ha insegnato mia mamma) e sicura di me. Sognavo di essere come gli altri, oggi mi godo il brivido di sentirmi diversa.

I gattini

Vivo a Londra da più di mezzo secolo, ma vado spesso a Palermo, mi mancano la mia isola e la famiglia siciliana. Sono impaziente di vedere i miei cugini e i loro figli, e così è sempre stato.

Quando Costanza e suo fratello Giuseppe erano piccini e non andavano ancora a scuola, mia madre viveva nel palazzo costruito di fronte a quello in cui abitava mia zia Teresa (e nonna di Costanza), e stava al primo piano, allo stesso livello della terrazza del suo appartamento. Una scaletta sbilenca dava accesso dalla terrazza al balcone, era come un passaggio segreto. Le due sorelle, Teresa ed Elena, stavano quasi sempre insieme, facendo su e giù da quegli scalini costantemente.

Mi piaceva la dignità di Costanza, sin da quando era minuscola ed era all'ultimo anno di asilo: io avevo trentacinque anni all'epoca, e lei veniva, piccola piccola, dalla zia Elena e si comportava come la bambina meglio educata di tutto il mondo: *tisa tisa*, pronta a dire grazie, a fare spazio agli altri, nella certezza di avere alla fine il premio meritato: giocare con la gatta, la nostra Micia prolifica che ogni anno sfornava nidiate di gattini uno più bello dell'altro. Ricordo il ticchettio dei passi suoi e di suo fratello Giuseppe – più giovane di lei ma già allora più alto – sulla scala; poi li vedevo fermi dietro la portafinestra del balcone, i nasini quasi appiccicati al vetro, nel tentativo di scorgere i gatti.

Quando passava Pina Parrucca, la nostra burbera cameriera, si tiravano indietro, temendo di essere cacciati via. Poi ritornavano alla carica, naso incollato al vetro, occhi desiderosi. Quando mia mamma – per loro, zia Elena – li scorgeva dal corridoio, correva subito ad aprire la porta, felice di vederli, e li portava nel soggiorno dove lavorava all'uncinetto e dove stava la cassetta di Micia e dei cuccioli. I bambini, appassionati, curiosi, delicati e timidissimi, non osavano toccare, accarezzare, bisognava incoraggiarli. E così facevamo: mettevamo loro in braccio un gattino ciascuno. Era commovente osservare la perfetta sintonia di quelle quattro creature. Quando era il momento di tornare a casa, Costanza e Giuseppe li poggiavano nella cuccia con una delicatezza commovente; se ne andavano salutando e ringraziando noi adulti, gli occhi fissi sulla cuccia dei gattini che, ingrati, li ignoravano sfacciatamente.

Quando i gattini, cresciuti, andavano a vivere da famiglie che ne avevano bisogno per dare la caccia ai topi, le visite dei cugini si facevano meno frequenti. Io allora notavo le lunghe occhiate di Costanza alla gatta, nella speranza di vederla gravida di nuovo. E Micia non mancava mai di soddisfarla.

La casa di zia Elena

C'è qualcosa nel veder riapparire persone care che sono state lontane, non importa per quanto, che tocca il cuore dov'è più sensibile. Abbiamo avuto paura di perderle? Forse non è proprio questo. Sapevo che zia Elena stava a lungo in campagna a Mosè, sapevo anche che Simonetta era a Londra, ma ogni volta che tornavano avvertivo il bisogno di una conferma.

Quando tornava in città, zia Elena stava in un appartamento di fronte al nostro, dall'altro lato di una grande terrazza che fungeva da immenso ponte tra i due edifici.

Il ricordo più antico che ho di zia Elena, adorata sorella minore di nonna Teresa, è di lei che fa ritorno da Mosè in compagnia di sua figlia Chiara. Loro abitavano in quel palazzo da prima che io venissi al mondo, da quando mio nonno aveva venduto l'area dove poi fu costruito l'intero edificio. Nonno Giuseppe, oltre ai garage e ai locali commerciali, tenne per sé tutto il primo piano della nuova costruzione, che confinava con la terrazza. Nell'appartamento di quel piano fece montare cinque scalini con un passamano in ferro battuto, in modo che le due case, seppur appartenendo a palazzi diversi, fossero comunicanti. Così nonna Teresa non sarebbe stata separata da zia Elena, sua sorella, se non da quei cinque gradini percorsi innumerevoli volte al giorno da entrambe. Era una sorta di passaggio segreto ma alla luce del sole.

Zia Elena stava spesso in campagna, e le persiane erano chiu-

se quando lei non c'era. Io e Giuseppe, più piccolo di me di due anni, attendevamo che quella casa riprendesse a vivere, ma non sapevamo mai quando sarebbe successo. Tutto accadeva all'improvviso, in un giorno e in un'ora non ben definiti. Il tanto atteso segno del loro ritorno era dato dal dischiudersi delle persiane affacciate sulla terrazza.

Nascosti dietro le tende, osservavamo tutti i movimenti, con quella incontenibile trepidazione di chi è finalmente sul punto di veder concretizzarsi un desiderio a lungo accarezzato.

Scostavo le tende, le finestre si spalancavano. «Giuseppe! Sono arrivate! Ci sono!» gridavo. Era così che esordivo una volta certa che le zie erano tornate in città, e con loro i micetti, i piccoli dell'inseparabile gatta siamese che viaggiava con loro, Micia. Così, da brava sorella maggiore, prendevo per mano mio fratello. Insieme attraversavamo di corsa la terrazza per salire i cinque gradini che ci separavano dalla casa di zia Elena. Non avevamo nemmeno bisogno di chiedere il permesso ai grandi, bastava che sapessero dove eravamo.

Una volta su, avvicinavamo gli occhi alla portafinestra, facendoci ombra sul viso con le mani per sbirciare all'interno. Poi bussavamo battendo i pugni sul vetro con delicatezza per farci aprire. Nell'attesa scalpitante che qualcuno ci sentisse, lì fuori ci chiedevamo: «Chissà se ci sono tutti, questa volta?». E quel "tutti" aveva certamente a che fare con le zie, ma concerneva soprattutto la popolazione felina: quanti gatti ci sarebbero stati?

Fissavamo la porta che presto si sarebbe aperta. Allora avremmo potuto riabbracciare zia Elena, Simonetta e Chiara, e avremmo finalmente giocato con i gattini, perché la casa per noi nipotini era sempre aperta e soprattutto non c'erano orari. Quell'attesa che a noi pareva infinita si consumava in fretta. Ogni domanda avrebbe avuto una risposta, e noi lo sapevamo bene. Fermi e palpitanti dietro quei vetri, speravamo con tutte le nostre forze che zia Elena con il suo sorriso dolce e accogliente fosse in casa.

Purtroppo talvolta capitava che ad aprire non fosse lei, ma Pina, la donna che badava alla casa quando la famiglia era fuori, *che tutto era tranne che dolce e affabile. Non ho mai capito se fosse così di carattere oppure se fossimo noi a non andarle a genio. Così, quando dalla penombra intravedevo la figura di quel donnone che si avvicinava col suo tipico fare scucivolo e con quel vocione duro, a tratti sguaiato, strillava «Non c'è tua zia, nessuno c'è», mi facevo sempre più piccola. Quella donna aveva il potere di farmi rabbuiare in un solo secondo, mi bastava guardarla. Avevo timore di lei non solo per la stazza ma perché non portava mai buone notizie, e io ormai lo sapevo. Ero convinta che non volesse farci entrare ed ero convinta che in qualche modo godesse a non farci avvicinare ai gatti, suoi prigionieri. Alle volte, quando vedevamo la sua sagoma avvicinarsi al vetro, io e mio fratello scappavamo senza dire una parola. Ci nascondevamo nel sottoscala fino a che lei non si allontanava.*

Quando invece eravamo fortunati e venivamo accolti in casa, la cosa più eccitante era correre in cucina divorata dalla curiosità, attraversarla di fretta ed entrare nella piccola veranda che si collegava a una terrazzina interna: lì sapevamo che c'era la cesta in cui dormivano Micia e i suoi piccoli. Allora affondavo le mani tra quelle piccole cosuzze pelose, stando in ascolto dei loro tenerissimi miagolii. Li maniavo tutti uno a uno e me li tenevo sul petto. Era una gioia profonda.

A questo punto è chiaro. In casa di zia Elena, per lo meno da piccola, sono sempre entrata dal balcone e mai dalla porta d'ingresso. Per anni non ho avuto idea di come fosse fatta la portineria del suo palazzo, e nemmeno se ne avesse una: casa di zia Elena era come un luogo incantato, sospeso. Solo respirarne l'odore mi portava una profonda sensazione di benessere, di piacere. Mi sentivo bene e a mio agio avvolta da quelle mura. È difficile descrivere un odore con le parole, è più semplice forse raccontare le sensazioni che provocava. Comunque era un odore che veniva da lontano, indefinito ma appagante, o almeno quella era la mia sensazione; copriva l'ampio registro compreso fra la vaniglia e i chiodi di garofano, un odore di zucchero e di dolci in genere misto a quello di mandorle e pistacchi, e sullo sfondo un nostalgico sen-

tore di fumo, di pipa per essere precisi. Era la pipa di Simonetta, un accessorio non proprio comune nelle mani di una donna ma che contribuiva a renderla un personaggio ancora più particolare, per lo meno agli occhi miei e di mio fratello, che la osservavamo incuriositi armeggiare con quello strano oggetto.

Lei spesso non c'era anche quando zia Elena e Chiara erano a Palermo, perché viveva lontano, in Inghilterra. Ne sono sempre stata affascinata, e non solo per la faccenda della pipa. Era interessante tutto quello che faceva, il fatto che fosse andata via dalla Sicilia poco più che ragazzina in un tempo in cui non si usava, che avesse sposato un inglese e che si fosse fatta una famiglia e una carriera in posto così distante da noi, e che a me bambina sembrava ancora più lontano di quanto realmente fosse. Ma soprattutto mi piaceva quello che lei mi raccontava. Sapeva rendere interessante anche la cosa più banale e quando parlava la ascoltavo rapita, avrei assistito allo stesso racconto milioni di volte. E sotto questo aspetto, non è cambiato nulla anche ora che sono cresciuta.

Tornando a quelle mura, quella commistione di odori così diversi tra loro raggiungeva un equilibrio tale da tradursi in una memoria olfattiva inconfondibile. Una cosa è certa: se chiudo gli occhi, quell'odore riesco a sentirlo ancora oggi, se li chiudo anche solo un istante mi rivedo lì, bambina, con il cucchiaio di legno fra le mani, in piedi su una sediolina a girare la velata sul tavolo di marmo finché lo zucchero non si fa di un colore perlaceo e non fila alla perfezione. Al mio fianco zia Elena, che da quando la nonna non era più lucida ne faceva un po' le veci. Due sorelle non solo di sangue, ma due sorelle di anima, separate solo da una grande differenza di età, dieci anni, ma unite da un legame inscindibile: l'amore incondizionato dell'una verso l'altra e di entrambe verso la cucina.

È bello pensare che un quarto di quel sangue scorra nelle mie vene, e quando sono in cucina loro sono lì che mi guidano attraverso le loro ricette. Sì, la cucina, qualunque e dovunque essa sia, è il posto in cui noi ci incontriamo, il posto in cui io mi sento felice. Il luogo dove mi sento bene con me stessa.

Teresù, passa tu

Costanza continuò a frequentare la casa di màmma anche quando Micia era vecchia e non figliava più.

Veniva con zia Teresa e di solito prediligeva il giovedì, quando Pina Parrucca godeva del suo pomeriggio di riposo e lasciava la cucina pulita e profumata, perché sapeva che Teresa e mia madre avrebbero cucinato insieme torte, biscotti e dolcini di mandorle da conservare nelle scatole di latta per poi offrirli alla famiglia e alle persone in visita.

Nonostante tra loro ci fossero dieci anni di differenza, Teresa e mia madre avevano condiviso la stessa camera da letto fino a quando mia mamma si era maritata a diciott'anni. Si trattavano con una squisita cortesia di altri tempi; davanti a ogni varco era tutto un sussiego: «Teresù, passa tu», «Elenù, vai avanti», «Teresù passa tu»; quando assaggiavano i dolci appena sfornati era tutto un complimentarsi affettuoso: «Assaggia questo che è migliore», «La *glace* l'hai fatta benissimo», «La ciliegina ci sta a meraviglia, brava!».

Per me è una grande gioia decorare torte e biscotti. Ed è ancora più bello farlo con i bambini, che se ne stanno in punta di piedi attorno al tavolone della cucina, il collo *tiso tiso* per assistere alla trasformazione dei biscotti in opere d'arte con mandorle tostate, pistacchi tritati, gocce di cioccolato e le onnipresenti scorzette di arancia glassate preparate in casa. E una cascata di zucchero a velo a suggellare la decorazione.

La cassata

La tradizione siciliana vuole che si mangi a Pasqua, ma in casa nostra si prepara anche per Natale. Per noi è il dolce delle grandi ricorrenze, anche se a dirla tutta ogni occasione è buona. Mi raccontano che quando nonna Teresa si metteva in cucina per fare la cassata, ne preparava almeno una decina da regalare agli amici più intimi e ovviamente ai parenti.

Essendo il dolce delle feste importanti, non è un caso se il suo aspetto è scenografico: un trionfo di colori che rapisce lo sguardo. Si potrebbe pensare: "Sì, per essere bella è bella, difficile che sia altrettanto buona", e invece il sapore è perfettamente all'altezza dell'aspetto. La cassata è bella fuori e bella dentro.

È un dolce dalla struttura complessa e disomogenea, che si prepara a freddo, solo il pan di spagna fa eccezione perché richiede la cottura. È composto da quattro parti che sono assai diverse tra loro per natura, struttura e consistenza, e che nella diversità trovano la loro unicità; accostate l'una all'altra, si sposano con eleganza e una volta in bocca si fondono generando un'intesa di sapori perfetta che nessun altro dolce al mondo sarebbe capace di replicare. Il palato si arrende al cospetto di un boccone di cassata e ne gode, inerme.

Il bordo più esterno è verde smeraldo ed è fatto di pasta reale – farina di mandorle, acqua e zucchero –, la parte superiore è "illuminata" dal bianco lucido della velata – acqua e zucchero – e, a coronare il tutto, il rosso rubino delle ciliegie candite che spicca tra il verde e l'arancione degli altri canditi e il bianco opaco della zuccata. Quando la velata è ben stesa il dolce pare laccato di bianco perla.

Al taglio della prima fetta ecco apparire la soffice crema di ricotta, lavorata al setaccio e con scaglie di cioccolato fondente, chiusa tra due strati di pan di spagna senza bordature.

La cassata è il trionfo dello zucchero eppure non è stucchevole.

Per prepararla, si usa un apposito stampo dalla tipica forma a padella.

Pare che la cassata, così profondamente insediata nella nostra tradizione pasticcera, sia frutto della dominazione araba. Furono gli Arabi a introdurre nella nostra isola pistacchi, canna da zucchero, agrumi e mandorle, ingredienti divenuti poi pilastri nell'arte pasticcera siciliana.

Il nome cassata deriva del resto da quas'at, *che in arabo indica una bacinella rotonda e profonda, quella in cui fu preparata per la prima volta con semplice zucchero di canna e formaggio fresco di pecora.*

Chi lo avrebbe mai detto che un dolce in bacinella sarebbe diventato tanto famoso?

Ho sempre sentito riecheggiare il racconto delle cassate preparate in famiglia, ma io ho imparato a farla solo di recente e grazie a papà, che ancora una volta fa da portavoce per le ricette di nonna. Ma non sarebbe la nostra *cassata senza l'intervento di mamma, l'addetta alla preparazione della pasta reale, in cui eccelle grazie all'esperienza maturata nella confezione di dolcetti di pasta di mandorle ripieni di pistacchio.*

Nonna Maria

Nonna Maria è la bisnonna di Costanza e dei miei figli. Morta nel 1946 a cinquantaquattro anni, adorata dai figli e amatissima da amici e parenti, in casa si è sempre parlato di lei come se fosse ancora viva. «A mamà piace prendere un boccone di pane alla fine del pranzo» diceva mia madre, e per questo il pane doveva rimanere in tavola fino alla fine, anziché essere tolto prima dell'arrivo dei dolci e della frutta; «A mamà piace l'origano» diceva zia Teresa quando lo sfincione arrivava a tavola profumatissimo.

Nonna Maria, raccontava mia madre, appena sposata istituì l'inconsueta regola per cui si cucinava lo stesso cibo per la famiglia, per gli ospiti e per le persone di servizio – mentre altrove il cibo migliore andava alla tavola dei padroni e per il personale si optava per pietanze meno costose.

Ogni volta che ricevevamo una scatola di cioccolatini in regalo, noi bambini dovevamo fare il giro della famiglia, poi portarla in cucina e offrirli a tutte le persone che c'erano lì, e solo alla fine – se ne rimanevano – ne avremmo preso uno ciascuno. Quando l'omaggio era poco generoso e il vassoio conteneva pochi cioccolatini, tremavo al pensiero che non ce ne sarebbe stato uno per me alla fine, ma non accadeva mai. Gli adulti a cui li offrivo (perfino Paolo, l'autista, che era la persona più golosa che abbia mai conosciuto), badavano sempre che non ne fossero rimasti troppo pochi e mi chiedevano: «Tu ne hai preso uno?». E al mio "no" uno di loro mi offriva il suo. Io accettavo imbarazzata ma poi mi godevo l'ultimo cioccolato, una cuntintizza inaspettata.

La volta successiva andavo direttamente da chi aveva rinunciato al cioccolatino per me, scavalcando gli altri. Glielo offrivo titubante, silenziosa. Bastava uno scambio di sguardi. Adulto e bambina si erano capiti senza dir parola. Ambedue avevamo fatto il giusto. E ai giusti spettava una bella e duratura cuntintizza, che ci godevamo in pieno, in totale complicità.

Nella cantina della casa di Mosè

Nelle nostre case c'era troppa roba ereditata, comprata e regalata. Negli anni Cinquanta, in un magazzino erano state trovate certe casse colme di roba raccattata di fretta e salvata dai bombardamenti degli Alleati durante la Seconda guerra mondiale. Noi bambini avevamo il permesso di frugarvi e vedere cosa potesse essere interessante o utile, sotto gli sguardi delle bambinaie e del campiere.

Così sceglievamo, pulivamo e poi portavamo a casa i nostri "reperti" per farli vedere ai nostri genitori, nella speranza che li riconoscessero. Quando accadeva, chiedevamo loro di raccontarci la storia di ciascun oggetto. «Ogni cosa "trovata" ha una sua storia» diceva mamma, «e bisogna conoscerla, o immaginarla insieme.»

Quasi tutti i reperti erano legati a un ricordo di nonna Maria e avevano una lunga storia che mamma e zia Teresa ricordavano con affetto. Quei racconti erano un modo di insegnarci il passato della famiglia e della nostra terra, di ricordare i tempi brutti con un pizzico di dolcezza e di soddisfazione, perché quegli oggetti, anche se rotti o spizzicati, erano importanti e da rispettare: avevano ancora qualcosa da dirci. Certuni mi hanno seguita in America e in Africa, e adesso riposano a casa mia in Inghilterra.

Mai con le mani in mano

Nonna Maria aveva insegnato alle figlie Teresa ed Elena che «una signora non sta mai con le mani in mano», riferendosi al ricamo, al lavoro a maglia e al semplice cucito, e a «finire ogni lavoro senza lasciar traccia», cioè l'importanza di rassettare, raccogliere lo sporco generato e lasciare la stanza o il posto di lavoro lindi e in ordine, senza dover ricorrere alla cameriera.

Nonna è morta quando mio cugino Silvano aveva sei mesi e io undici, ma è come se l'avessimo conosciuta. Le nostre mamme ci parlavano sempre di lei, tant'è che potremmo dire cosa e come mangiava, quali erano le sue letture preferite e le sue amiche del cuore.

«In casa Nonna Maria non stava mai con le mani in mano: o ricamava, o disegnava, o lavorava a maglia, o leggeva» ci diceva una delle due, mentre appuntava la *gugliata* finita. «E suonava ogni giorno il pianoforte per delle ore» aggiungeva l'altra sorella. Poi, rivolta a noi bambini: «La vostra nonna fino alla morte ha suonato ogni giorno per ore il suo Steinway. Fu lei a inculcare l'amore per la musica in zio Giovanni, il figlio maggiore».

Quando venivano parenti in visita, mamma e zia Teresa continuavano il ricamo e il lavoro a maglia. Spesso anche le ospiti arrivavano col proprio sacchetto con ferri e uncinetti, e ciascuna portava avanti il proprio lavoretto, mentre chiacchieravano di tutto e di più – mai sparlando di altri. Erano momenti di grande intimità e cuntintizza.

Zia Teresa era bravissima sia nel ricamo che nel lavoro ai ferri; faceva tanti giacchettini a maglia per i bambini della famiglia e anche per Costanza, nei colori tenui che andavano d'accordo col rosso dei suoi capelli. Era certosina nel fare le minuscole asole dei bottoncini che poi cuciva uno a uno sul davanti del giacchettino.

«L'ozio è il padre dei vizi» insegnava nonna Maria e così dicevano anche le figlie, in modo quasi carezzevole. Anche noi bambine dovevamo far qualcosa con le nostre mani: io disegnavo, Chiara disegnava e colorava benissimo. A me piaceva anche cucinare – ma odiavo pulire le balate di marmo della cucina, spolverare il ripiano del tavolo di legno e scopare il pavimento, per lasciare tutto pulito come lo avevo trovato. Con il tempo ho imparato a farlo, e a farlo bene, e in più mi sono resa conto che, dopo aver portato a termine un lavoro, rassettare il disordine creato e pulire la postazione di lavoro è catartico e conduce alla cuntintizza.

Anche Costanza, quando era piccina e veniva da noi, stava attenta a non sporcare nulla. Sgranocchiava il suo biscotto con la manina sotto il mento per raccogliere le briciole che poi si metteva in bocca. Quando si alzava dalla sedia per andare a casa, era sua abitudine rimetterla a posto sotto il tavolino. Era stata educata bene dai genitori, e in particolare dalla mamma, in queste "cose da *fimmine*", e ha sempre vissuto nel suo piccolo mondo con dignità e un pizzico di ironia. E, mi auguro, tanta cuntintizza.

La tartaruga Francesca

Sul terrazzo di servizio di zia Elena viveva una tartaruga. Si chiamava Francesca ed era stata il regalo di un certo capitano Barraco a Simonetta quando era ragazzina. Da quando le era stata donata, aveva continuato a vivere su quel terrazzo, anche quando Simonetta si era trasferita a Londra e non aveva potuto portarla con sé.

Simonetta aveva sempre desiderato una tartaruga e quando finalmente ne aveva ricevuta una in dono, dando per scontato che fosse femmina, le aveva assegnato uno dei nomi femminili che più le piacevano.

Francesca non aveva un buon carattere. Fin dal principio era stata schiva, reticente e dispettosa. Era abituata a una vita solitaria, che con gli anni l'aveva inacidita. Le tartarughe non hanno bisogno di cure e attenzioni costanti, per questo non viaggiava con le zie come Micia e i gattini. Restava sulla sua terrazza in città, accudita da Pina, che quando andava a dare acqua alle piante le lasciava qualche foglia di lattuga fresca. Francesca le divorava con tutta la voracità di cui era capace. Bastava a se stessa e, non essendo abituata alla presenza assidua degli umani, quando vedeva dei piedi, soprattutto se scalzi, correva a morderli, spalancando una bocca più grande di quel che si potesse immaginare in un animaletto di quelle dimensioni.

Ci fu un fatto che segnò profondamente la storia di quella tartaruga, e rimase impresso nelle menti di tutti, soprattutto in quel-

la della sua padrona. *A me fu raccontato.* Mi riferisco a quando si presentò l'occasione di trovarle marito, e pure un buon partito: era la tartaruga di un'amica di famiglia. Fu in quell'occasione che, combinato l'incontro, si scoprì con lo sgomento di entrambe le famiglie che Francesca, per più di vent'anni considerata femmina, era in realtà Francesco. A nessuno fino ad allora era mai venuto il minimo sospetto, anzi, a dirla tutta la cosa non era nemmeno lontanamente immaginabile. Forse fu proprio per questo che si decise in famiglia di ignorare l'accaduto e di lasciare che Francesca rimanesse a vita Francesca.

Di lei si persero a un tratto le tracce. Le tartarughe, si sa, sono longeve ma non eterne.

INTERMEZZO

Il catalogo

Proviamo a mettere in fila gesti, mansioni, occupazioni del quotidiano in cui riconoscere la cuntintizza.

Quello che segue non è un decalogo, quanto piuttosto una mappa ideale per orientarci dentro questo territorio così delicato dove la gioia a volte *sbummica* inaspettatamente, e magari non sappiamo dare un nome a quella sensazione improvvisa. E allora ecco, provo a evocare, così come vengono, i gesti che certamente appartengono a me ma in effetti mi travalicano e scivolano universali nella quotidianità di tutti.

Cuntintizza è lucidare l'argenteria e riporre le posate in ordine nei cassetti.

Cuntintizza è comprare dai robavecchiari oggetti maltrattati, sporchi, neri, opachi e poi a casa lucidare il metallo che da nero diventa grigio e poi argento. Pulire i rebbi delle forchette vecchie è un'avventura; non tutti ritornano allo splendore iniziale, ma "quanto basta": le tracce del passato mi dicono che la forchetta è stata usata tantissime volte e merita di ritornare alla tavola!

Cuntintizza è dare dignità a una sedia o una cassetta con intarsi di legno in cattive condizioni, e pian piano riportare il legno al suo splendore; è come aiutare una persona anziana a risollevarsi da terra.

Cuntintizza è stirare, sempre. La roba stropicciata diventa liscia e i ricami spiccano. Stirare con un buon ferro a vapore è un successo garantito. Stirare aiuta anche chi si è bisticciato con una persona cara: stirando si alliscia, si carezza, si pacifica, e ci si pacifica.

Cuntintizza è rassettare e pulire dopo aver finito un lavoro di cucito o di cucina, o riordinare la toilette dopo che ci siamo truccate e pettinate e siamo pronte per uscire.

Cuntintizza era viaggiare con mia madre quando andavo a congressi sull'infanzia maltrattata e sul diritto di famiglia in Paesi lontani. Era l'occasione di stare insieme, di visitare posti remoti e sconosciuti e di incontrare persone interessanti. Se dovevo parlare in pubblico o partecipare a discussioni delicate, lasciavo mamma sola nel foyer dell'albergo, con il suo ricamino in mano. Quando eravamo in viaggio, ricamavamo sempre mentre aspettavamo di essere chiamate per l'imbarco sull'aereo. A volte ci avvicinavano delle persone per chiedere se fossimo lì per essere filmate per una pubblicità. Dopo il disastro delle Twin Towers a New York l'11 settembre 2001 non fu più permesso portare in aereo aghi e uncinetti. Da allora abbiamo preso a disegnare.

La cuntintizza maggiore e più gratificante è senza alcun dubbio decorare i piatti che si portano a tavola, per unire al piacere del palato anche il godimento visivo. Da bambina la prima pietanza che mi fu concesso di decorare fu l'insalata russa, allora di gran moda: è un'insalata di patate, piselli, carote, gamberetti e maionese che si presenta in tavola a zuccotto, una montagnola decorata con foglioline di menta e di prezzemolo disposte a nastro e carote tagliate a mezzaluna. A me piaceva ispirarmi ai motivi dell'arte arabo-normanna che ammiravo sulle absidi della cattedrale di Palermo.

Nella Sicilia degli anni Cinquanta, le insalate in foglia erano rare. Le lattughe – così come anche le carote – non crescevano bene per il troppo caldo. Ad Agrigento, dove vissi fino ai dodici anni, la lattuga non si comprava neppure, perché si raccontava che gli orti della città da cui proveniva fossero annaffiati con acqua inquinata che dava il tifo. Quando zio Peppino, il marito di zia Teresa, veniva in visita da Palermo portava finocchi, sedano e carote, oltre alla solita guantiera di paste dolci.

L'insalata quotidiana a casa nostra quindi consisteva di patate e cipolle bollite e olive, oppure la classica insalata di pomodoro. Quando avanzava, si riportava in tavola al pasto successivo con l'aggiunta di altri ortaggi e verdure, *conzata* in modo diverso (era uno dei miei compiti). I *beaux restes* erano una caratteristica della nostra famiglia e consistevano nel riciclo di cibo con tanta immaginazione: la pasta rimasta dal pranzo diventava una profumata "pasta fritta" per cena, i resti di uno stufato di carne bovina o di pollo, mescolati a piselli e formaggio, diventavano il ripieno delle arancine di riso, e il risotto diventava *crochet* di riso fritti come contorno.

Cuntintizza è sorseggiare da sola a fine giornata un liquore nel bicchiere adatto: il cognac versato in enormi bicchieri rotondi, i digestivi in bicchierini a calice stretto, lo spumante in una coppa piatta e larga, il whisky in bicchieri larghi e alti. Ma di questo parleremo più avanti, e sarà Costanza a elargire la sua conoscenza di drink e liquori.

Il catalogo continua

Cose che succedono quando meno te lo aspetti e danno piacere. Sono le piccole cuntintizze della quotidianità.

Affacciarsi al balcone e respirare il profumo del bucato steso ad asciugare. Inspiro e il profumo arriva da lontano, delicato, si muove a ogni soffio di vento ed è odore di pulito.
    È bello osservare i panni stesi sul filo che si gonfiano come vele fruscianti, e se tira un vento scomposto si aggrovigliano tra loro, si tormentano e battono forte. Da bambina li guardavo preoccupata, temevo si strappassero, e invece, dopo tutto il fragore, al primo calmarsi del vento, federe, lenzuola, camicie, tovaglie e tutti i tovaglioli in fila uno accanto all'altro tornavano a distendersi lisci e ordinati. Le lenzuola si rasserenavano immacolate. Anche ora il profumo del bucato mi fa star bene, mi asciuga dai cattivi pensieri, e mi vien voglia, raccolte le lenzuola, di rotolarmici dentro.

E poi c'è la cuntintizza del ritorno a casa, dopo essere stata fuori, lontana, non importa per quanto tempo. È sempre una sensazione rassicurante, confortante: la casa è il posto dove si sta in pace, dove ci si sente tranquilli, dove qualunque "barriera" dettata dalle circostanze esterne si abbatte. È come se tornassimo a noi stessi, come se ci riconquistassimo. La casa è la mia zona sicura e lì trovo la quiete. In una casa tutto calza alla perfezione, se ti ci riconosci: mobili, quadri, divano, persino il disordine. È un gioco intimo e intenso di interazioni tra mura, oggetti, forme dentro cui mi sento cullata. Tornare a casa è sempre piacevole e confortante.

Il pane caldo! Una cosa così semplice e, se vogliamo povera, che però è un'intramontabile e confortante certezza quotidiana. Il profumo del pane appena sfornato invade strade e interi quartieri. Mi diverte pensare che i panifici si sfidino a suon di pane fresco, per vedere chi sforna quello più profumato, chi riesce a spandere quella fragranza più lontano.

Un aroma che ti avvolge e, nell'istante stesso in cui lo respiri, ti fa suo. Capita spesso che verso le sette, orario della sfornata serale dei panifici di zona, qualcuno entri nella farmacia in cui lavoro con una busta di pane caldo tra le mani. Allora, io e le mie colleghe, rapite, molliamo per un istante quello che stiamo facendo e ci fermiamo a respirare, chiudendo involontariamente gli occhi per godere al massimo del profumo più rassicurante che conosco. L'effetto che ne deriva credo sia lo stesso per chiunque: il desiderio di affondare le mani nel sacchetto, e strapparne subito un pezzo da mangiare ancora fumante. Non credo sia una questione di orario. Il potere del pane caldo non ha limiti: è e sarà sempre una certezza inattaccabile.

La cuntintizza è spesso legata al tatto: il piacere che dà lo scorrere di qualcosa sotto le dita come il velluto, i chicchi di grano, un impasto, la seta. Da piccola accarezzavo di nascosto le pellicce delle amiche di mamma, quando il pomeriggio venivano a giocare a carte a casa nostra. Appena entrate, le lasciavano in sala, posate sulle due panche di legno accanto alla porta d'ingresso e odoranti di naftalina. Quando le proprietarie si dirigevano al tavolo da gioco, da una porta secondaria entravo in scena io e quatta quatta ci mettevo le mani. Loro giocavano con le carte e io con le loro pellicce. Passavo le mani a raso pelo in un senso e poi in quello contrario. Poi rimettevo tutto in ordine e, badando a non fare rumore, abbandonavo la scena. Non credo che nessuno si sia mai *accorto di niente. Ce n'erano di ogni tipo: tigrate, maculate, con il pelo lungo o con il pelo corto, screziate o a tinta unita, arricciate o lisce. Insomma, ce n'era davvero per tutti i gusti ed erano una tentazione troppo grande per resistervi. Una volta in mezzo a quell'ammasso di pelo trovai un animale intero – che cos'era mai? Una lince, una volpe? Chissà – e mi impressionò. Quella fu l'ultima volta che toccai pellicce sconosciute.*

Cuntintizze del tempo chiuso a Palermo

Il tempo chiuso, quando ti ci trovi costretto dentro, ti porta a fare i conti con circostanze insolite e a riscoprire piccoli piaceri che suonano quasi trasgressivi quando vengono estrapolati dal contesto della normalità. Quando anche i più banali gesti quotidiani vengono sottoposti a limitazioni, finisci per apprezzarli e considerarli come mai accaduto prima.

Erano poche le cose che ci erano concesse durante la pandemia, e di quelle bisognava gioire.

Fare la spesa
Io ho riscoperto il piacere di andare a fare la spesa. Si attendeva in lunghe file, tutti composti e a distanza, e questo alimentava il desiderio scalpitante di entrare al supermercato. Impiegavo così i miei sabato, di solito nel tardo pomeriggio, quando c'era meno confusione. Persa tra scaffali mezzi vuoti, aggrediti dai precedenti avventori, accontentandomi di quello che gli altri non avevano scelto e fantasticando su cosa cucinare nel lungo (infinito) fine settimana recluso. Meno scelta c'era, più complicato e stimolante era inventarsi qualcosa da preparare. Passavo in cucina gran parte del mio tempo. A volte con le mie amiche che abitavano in zona ci davamo un appuntamento clandestino al banco dei salumi a una data ora, solo per scambiare due parole fugaci, solo per

vederci. Era una conquista anche solo averle davanti, ed ero così
felice di farlo che ogni volta le trovavo più belle.

Fare sbarazzo di cose vecchie
Smontavo armadi interi, impolverati, carichi di roba vecchia che
non avrei mai più messo ma che tenevo ancora lì. In attesa di che?
Quando mai avrei osato indossare quella gonna a balze e pois? E
così... via! Buttavo tutto per terra e guardavo a uno a uno ogni
capo, lo provavo e ne decidevo le sorti. Mettere via negghie inu-
tilizzate è in un certo senso liberatorio, alleggerisce anima e ar-
madi. Lascia posto ad altro, al nuovo. Poi capitava di affondare
le mani nelle tasche di un vecchio cappotto dimenticato e trovare
un biglietto sbiadito della metro di Londra. Ritrovarsi in quell'i-
stante. E sognare di viaggiare. Tutto ciò che è proibito ha sem-
pre più fascino.

Prendersi cura di sé - la beauty routine
Il mio tempo chiuso spesso lo impiegavo, quando non cucinavo, a
fare maschere per il viso con intrugli casalinghi: cetrioli, yogurt,
sale grosso, succo di limone, miele e tutto quello che trovavo in
casa. Vedendo benefici anche dove probabilmente non c'erano.
Sperimentavo misture, ridavo una nuova vita, cosmetica, a sem-
plici e banali ingredienti da cucina. Una sorta di seconda oppor-
tunità, una seconda occasione di cambiarla, quella vita. Poi sciac-
quavo il viso e sentivo la pelle rigenerata, fresca, pulita. Forse era
una semplice ma gratificante suggestione.

Guardare dietro i vetri dei balconi
Trascorrevo parecchio tempo dietro i vetri dei balconi di casa che
si affacciano su via Libertà. La via principale del centro di Pa-
lermo che culmina in piazza Politeama è una grande strada di
solito frenetica e rumorosa, molto trafficata e invasa da macchi-
ne, pedoni e clacson. Non l'avevo mai vista così nemmeno a tar-
da notte: desolata, silenziosa, quasi lo spettro di se stessa, eppure
così meravigliosamente bella nella sua insolita quiete. Non avevo

mai prestato così tanta attenzione al manto della strada, alla grana del marciapiede, eppure erano sempre stati lì. C'era così poco rumore che si arrivava a cogliere suoni pacati e mai percepiti, coperti in condizioni normali dal frastuono quotidiano: il ticchettio di un semaforo pedonale, i gabbiani, le catene delle navi che attraccavano al porto. Una via Libertà inedita: chi avrebbe mai immaginato di poterla vedere così? Mi sentivo fortunata. La osservavo in momenti diversi della giornata, a volte davo solo una sbirciatina, altre stavo lì per ore. Dietro quei vetri ero attenta a cogliere le diverse sfumature, a catturare un dettaglio mancato.

Persa in quel silenzio passava il tempo senza che me ne accorgessi.

Cuntintizza del tempo chiuso a Londra

Sono sempre stata indipendente: mi piacciono le camminate solitarie nei parchi e nei boschi, ma adoro anche passeggiare con amici nei centri urbani. Ho lasciato la Sicilia senza rimpianti per vivere con mio marito, cittadino britannico. Non me ne sono mai pentita, anche se poi divorziammo. Abbiamo allevato due bravi figli ligi al dovere, devoti alla famiglia, grandi lavoratori (finché la salute di George Hornby lo ha permesso) e con un senso dello humour fondamentale in tutto, e in particolare nelle questioni di famiglia.

Sono stata educata dai miei genitori a essere gregaria e accogliente anche con sconosciuti. Mi piace avere ospiti in casa, frequento i concerti, l'opera lirica e i teatri di prosa. Preferisco vivere a Londra, la mia città di adozione, anziché in campagna, e per questo il mio appartamento è a cinque minuti dalla stazione Victoria, dieci dal Palazzo Reale, un quarto d'ora dal Reform Club, dal palazzo di Westminster e dalla Tate Gallery sul lungofiume del Tamigi, e a venti minuti dall'Opera al Covent Garden e dai teatri del West End. Una scelta strategica.

Proprio per questo, come è accaduto a milioni di altre famiglie, l'isolamento della pandemia ha sconvolto la mia vita e quella di miei figli.

Per paura dei contagio del Coronavirus, ho evitato di far

visita a George, il figlio maggiore, che vive a Herne Hill, a tre chilometri dalla stazione Victoria. George è disabile, soffre di sclerosi multipla primaria progressiva. Nel primo anno della pandemia, però, ogni settimana andavo a "vederlo". Mi capitava anche di coprire la distanza fra Ashley Garden a Brixton a piedi. Gli mandavo un messaggino e lui compariva in carrozzella sulla soglia di casa, sul volto un accenno di sorriso. Scambiavamo qualche frase sulle piante del giardino, sul tempo, sui suoi figli e sulla famiglia, e poi ritornavo a casa con il cuore stretto ma serena.

Nick, il secondogenito, dirige una casa di produzione televisiva che ha continuato a lavorare durante l'intero lockdown; veniva a farmi visita una volta la settimana, ma a distanza. Non ci siamo mai abbracciati, e tuttora cerchiamo di evitare i contatti fisici.

Ho vissuto male dentro quel tempo chiuso. Come poteva essere altrimenti? Ero profondamente scontenta. Ogni giorno era identico al precedente e sarebbe stato identico al successivo. Stavo lavorando a un romanzo. Scrivevo un capitolo e lo mandavo al mio editor. Bastavano due giornate e dimenticavo di aver scritto quel capitolo, dunque lo riscrivevo e lo mandavo di nuovo. Quando mi sono resa conto di questo maldestro rapporto con la memoria mi sono spaventata.

Mi ci sono voluti tre mesi prima di reagire: avevo bisogno di nuove forme di cuntintizza, di nuove piccole ragioni della bellezza del vivere, conformi a quel tempo chiuso, senza venir meno ai divieti imposti dal governo.

Ricordavo i bei tempi in cui ogni giorno ero *blessed* da almeno una nuova cuntintizza, quel qualcosa che fa bene al cuore, increspa le labbra in un sorriso e genera buoni pensieri. Invece nulla cambiava. Soltanto l'accidia cresceva a dismisura, ed era da tenere a bada.

Ho cercato di mantenere l'abitudine di una mia visita quotidiana a Giorgio, in autobus. Era triste non poterci baciare e nemmeno sfiorare, ma così ci imponeva lo Stato. Scoprii uno stratagemma per evitare quella tristezza: quando il tempo era brutto, gli portavo campioni di velluto, di lana, di cachemire e di mohair, pezzi di stoffa da tappezzeria e nastri di seta; accucciata nel mio posto al secondo piano dell'autobus, accanto al finestrino, tiravo fuori dalla borsa i campioni e carezzavo, uno a uno, i minuscoli quadrati di tela, che al primo tocco, alla prima carezza risvegliavano la sensibilità della mia pelle: mi sembrava che quei massaggi fossero stati scritti dalle dita di un uomo innamorato.

Non solo. In un armadio avevo scovato una valigia di cuoio, zeppa di stoffe e tessuti comprati durante il mio primo viaggio in India con mio marito, Giovanna – la mia grande amica e compagna di banco al liceo Garibaldi di Palermo – e suo marito Luciano. Una vacanza indimenticabile, che ci portò anche nel Kashmir. Avevamo due macchine con autista, e ci separammo subito: *fimmine* con *fimmine* e *masculi* con *masculi*. Mentre i nostri mariti viaggiavano fumando in silenzio, noi mogli chiacchieravamo fitto fitto e ridevamo tanto.

Giovanna Garofalo Cassina è morta di recente, nel gennaio 2022. Ma per me è come se fosse ancora viva, nonostante io sia stata presente al funerale e alla tumulazione al cimitero. La nostra amicizia dura da più di sessant'anni, Giovanna è anche la madrina di cresima di George. Abbiamo continuato a volerci bene a distanza, e continueremo: io qui sulla terra e lei in Paradiso. Da lassù la mia grande amica mi guarda con il suo sorriso dolcissimo, espressione della purezza del suo cuore.

Da quando Giovanna non c'è più, ho rivisitato le mie cuntintizze del tempo chiuso. Eccole qui.

Quando mi sveglio, prima di aprire le tende della porta-finestra sul balcone, mi piace indovinare che tempo fa. A Londra, dall'oggi al domani, ci sono excursus di temperatura di una decina di gradi. Osservo la lama di luce che sbuca tra le tende e ascolto il servizio meteorologico nazionale e da lì cerco di dedurre che tempo farà. È un sfida tra un ciclope e una nana, la sottoscritta. Eppure gli amici mi dicono che le mie previsioni risultano più attendibili di quelle dell'ufficio meteorologico britannico! Ancora non ho capito se mi prendono in giro o no.

Mi piace ricordare il mio passato siciliano attraverso i quadri, le stampe e le fotografie della mia casa londinese. Nell'ingresso, c'è un quadretto a olio del mare mosso di Acqua dei Corsari, vicino a Palermo, di Antonino Leto, un pittore siciliano nato nel 1855. In salotto c'è il ritratto di nonna Maria che compare anche sulla copertina di *Piano Nobile*, ed è opera del ritrattista Francesco Camarda, che conobbi già anziano, quando lui dipinse un secondo ritratto di zia Teresa, da donna matura – il primo era della zia bambina. Nella stanza da pranzo, che fa anche da studio, c'è un bellissimo quadro del monte Pellegrino all'alba visto dal mare, di Michele Catti, nato nel 1855. Pacifico, sereno, intenso. Con un "ma": le ombre di due barche di pescatori all'alba sembrano incongrue, scure, abbandonate. Ciononostante questo quadro è il mio preferito: non si incontra spesso un'immagine del promontorio di monte Pellegrino. Sembra un dinosauro dal collo lungo che galleggia sull'acqua, la testa sprofondata alla ricerca di pesci per nutrirsi!

Mi piace lucidare tutto ciò che è di legno: tavoli, sedie, cassettoni, scatole intarsiate, tavolini di appoggio, librerie, il lambrì (rivestimento delle pareti di moda agli inizi del secolo scorso), poltrone e divani. Il legno è morto, ma stranamente sembra rivivere quando è lucidato con la cera o con l'olio, soprattutto se è ricco di intagli, che possono essere decorazioni floreali, geometriche, figurative e astratte. L'intaglio è un lavoro da certosino: si accostano piccoli pezzi di legno diverso, e poi si incastonano nel mobile, ribaltandoli sulla superficie liscia da cui si differenziano per colore e consistenza.

Più della vista, sono il tatto e l'odorato a beneficiare maggiormente dalla lucidata. Ci vuole tanto lavoro di polso. Coricarmi in una stanza che sa di una recente lucidata è inebriante: ha in sé la cura per i mobili, l'intenzione di prolungarne la vita e l'attenzione al dettaglio.

Quando sono sola a casa mi sento come in prigione. Per distrarmi, mi piace anche lucidare i mosaici di legno, pur sapendo che ne godrò soltanto io. Anziché soffermarmi sulla solitudine, l'isolamento, mi concentro sul godimento che mi resta.

Ho sempre amato stirare, sia con i ferri a carbone, in uso fino agli anni Cinquanta, sia con i ferri elettrici e gli ultimi arrivati, quelli a vapore. Stirare rilassa e al tempo stesso, se si lascia la mente libera di pensare, fa crescere e maturare.

Indossare un pantalone ben stirato, un abito da pomeriggio con ricami e una sciarpa senza nemmeno una piega dà un senso di appagamento che rimette in pace con se stessi.

La cuntintizza del tempo chiuso può incoraggiare alla generosità e alla pratica di fare spazio ad altro. È il momento giusto per eliminare quello che non serve o che può servire altrove, roba che non piace più e che si può utilizzare in altro modo con poco lavoro. Gioielli di scarso valore, vestiti, scarpe, biancheria personale, biancheria da letto e da casa: qualunque cosa può essere riciclata e regalata a chi ne ha bisogno.

La cuntintizza può essere incoraggiata dal consumo di bibite dolci, vini e liquori, tisane e bevande analcoliche come la limonata e le aranciate. Senza esagerare, però: il diabete è un grande nemico della salute!

La cuntintizza può scaturire da un massaggio podalico ben fatto, che davvero porta un grande benessere. I piedi – è una verità semplice ma immensa – sono il nostro contatto con la terra; su di loro poggiamo, grazie a loro stiamo eretti, ci muoviamo, riceviamo messaggi concretissimi sul nostro equilibrio, sulla nostra condizione di sentinelle dell'esistenza. E invece spesso i piedi sono trascurati, soprattutto dalle donne, che pur di apparire eleganti calzano scarpe strette, tacchi altissimi, punitivi e deformanti.

La cuntintizza accomuna in particolare le donne, e dovrebbe diventare un collante tra le donne di tutto il mondo. Non mi sono mai sentita parte del "sesso debole" come durante questa pandemia. E mai come adesso mi è capitato di assistere per strada o in luoghi pubblici a così tante situazioni di conflitto – e talvolta di turpiloquio – tra uomo e donna (forse marito e moglie), sia in Inghilterra che in Italia.

Esiste una cuntintizza diversa e personale, di donne che hanno sofferto, che non vogliono soffrire più e desiderano aiutare altre in situazioni simili. In Inghilterra gli omicidi e gli abusi contro le donne, per la maggior parte da parte del partner, ma anche di estranei, squilibrati o addirittura membri della polizia, sembrano in aumento. Questi episodi sempre più frequenti meritano uno studio approfondito.

Lo Stato non sarà mai in grado di proteggere adeguatamente le donne vittime di violenza se non siamo noi stesse a metterlo alle strette. In ogni città e paese con un minimo di cinquemila abitanti dovrebbero esserci strutture, statali o private, destinate ad accogliere e supportare le vittime anche tramite un'adeguata informazione in merito ai loro diritti.

Sta a noi donne imporci e fare rete. Sappiamo supportarci emotivamente e finanziariamente, ma di rado ci sentiamo all'altezza quando si tratta di avere a che fare con vittime di violenza fisica e psicologica.

Noi che abbiamo superato la settantina dovremmo davvero sentire la responsabilità e supportare in particolare le giovanissime, tutte a rischio di violenza. La figura di una nonna o di un zia anziana, magari fiancheggiata da una giovane, potrebbe essere di grande aiuto per le vittime di fatto e quelle potenziali.

LE BUONE CONSUETUDINI

Tovaglia massonica

Durante la Seconda guerra mondiale, la casa padronale di Mosè fu bombardata dagli Alleati dal 10 al 16 luglio del 1943, nella battaglia di Agrigento. Gli Americani occuparono la casa padronale e quanto era rimasto fu rubato, a eccezione dei *mobilazzi* pesanti della cucina – madia, cassettoni e armadio – e del pianoforte a coda del soggiorno. Alla fine della guerra, i miei genitori ristrutturarono la casa arredandola con mobili regalati da parenti e amici a cui non servivano.

La stanza da pranzo di acero in stile Liberty e la camera da letto dei miei nonni furono regalati dai fratelli di mamma, e l'arredo della tavola fu trasportato a Mosè da Cannameli, una campagna della famiglia di papà. Mamma e zia Teresa si misero a ricamare tovaglie per la tavola da pranzo che, allungata, poteva accogliere ventiquattro commensali.

Mamma colse l'occasione per insegnarmi a scegliere le tovaglie che "sposavano bene" con i piatti e i bicchieri in uso. In genere erano bianche, ma alcune erano colorate, seguendo la moda del tempo.

Ricordo in particolare una tovaglia di tela rosa a trama grossa a quadrati, che stonava con uno dei servizi di piatti salvati dalle bombe: aveva due bordi, uno dorato e uno arancione, con disegnate sopra due mani che si stringevano: un segno della Massoneria! Quando me ne resi conto ne fui inorridita. Allora disseminavo la tavola di vasetti di vetro con foglie di menta, per distogliere l'attenzione dei commensali da quelle due mani arancioni! Ero molto fiera di avere salvato un bel servizio e "negato" il trionfo della Massoneria alla nostra tavola.

Alloro, quante facce

Quante facce ha l'alloro! **Laurus nobilis,** *pianta aromatica e officinale, nobile lo è di nome e di fatto. È rimedio casalingo per i piccoli malesseri: acqua calda e foglie secche di alloro; è il liquore "Allorino" preparato con le foglie fresche, che si beve a fine pasto e ha ottime proprietà digestive; è ingrediente prezioso che figura in tante ricette siciliane, buono per le carni, ottimo nelle zuppe, sta bene un po' dappertutto!*

Le erbe aromatiche sono sempre state presenze importanti in casa nostra, sia nelle leggende che narrano di antiche consuetudini casalinghe, sia nelle ricette di cucina e di rimedi naturali.

Ma qui fermiamoci all'alloro, dalla bella foglia verde carico e dal profumo delicato e familiare, aristocratico sin dal nome, con tutto quell'oro dentro, e così nobilitante, se si considera che nell'antichità corone di alloro cingevano il capo dei vincitori.

Questa pianta è molto presente nei miei ricordi d'infanzia, come penso in quelli di molti bambini. Era usanza preparare una tazza di acqua calda con qualche foglia essiccata per combattere il mal di pancia, un vecchio rimedio naturale che mamme e nonne proponevano a ogni accenno di malessere. È la ricetta più semplice che esista e le sue proprietà distensive hanno segnato la storia di ognuno di noi. Per assumerlo al meglio, prima di bere si gira il cucchiaino dentro la tazza in cui galleggiano le foglie, finché l'ac-

qua non si colora di verde pallido, e nel frattempo si respira tutta la fragranza che sprigionano i vapori. Chi lo gradisce può aggiungere un pezzetto di scorza di limone.

Negli speziari casalinghi l'alloro non è mai mancato e non mancherà mai. È troppo utile e soprattutto non è un ingrediente invadente: si adatta con gentilezza a quasi tutti gli alimenti, dialoga con verdure e carne di maiale. Trova sempre un'intesa, così come anche nelle bevande, calde o fredde che siano. Ho sempre pensato che avesse un gusto confortante e rassicurante: mi ha fatto compagnia per una vita intera e lo associo a momenti di sollievo, di sostegno, una sfera di gusto a cui potersi abbandonare come in un porto sicuro.

L'alloro è la pianta aromatica più versatile e più usata nella mia cucina. Fatto salvo l'effetto benefico del suo infuso, io ho una particolare predilezione per l'Allorino. In Sicilia si prepara in casa ed è molto apprezzato tra i liquori di fine pasto. Il procedimento è semplice e consiste nel lasciare a macerare in alcol una ventina di foglie di alloro appena raccolte per un paio di settimane, in modo da permettere all'alcol di tirarne fuori tutte le sostanze attive e l'aroma. Trascorse le due settimane si aggiunge un volume di acqua e zucchero pari a quello dell'infusione e si lascia riposare al buio in bottiglie di vetro per circa dieci giorni. Una volta pronto, va conservato in freezer e a fine pasto servito ghiacciato in bicchieri da liquore; si può star certi che il piacere e il conforto sono sommi.

L'Allorino ha un colore verde intenso che ricorda quello dell'olio giovane, è profumato e va rigorosamente sorseggiato, bevuto adagio adagio per apprezzarlo meglio. Ne godono occhi, naso e bocca.

Bere un liquore a fine pasto è un rituale, e se non si eccede nelle quantità (q.b.!) sorbire alcol profumato facilita la digestione, mette in pace, e possibilmente induce il sonno. Per questo "rito", di solito ci si alza da tavola e ci si sposta in un ambiente più rilassante, magari in salotto, su poltrone e divani, il luogo adatto a mescolare chiacchiere e considerazioni sul mondo – un mondo che a quel punto sembra distante a sufficienza per contemplarlo senza acredine, senza rabbia, senza dolore.

Tengo sempre in freezer qualche bottiglia di Allorino fatto in casa, pronto ad allietare (ma non allitrare…) amici e parenti, specie durante pranzi e cene improvvisati.

Acqua e alloro

Secondo la mitologia greca l'alloro ci fu "dato" quando Dafne, una casta ninfa concupita da Apollo, fu tramutata in albero da sua madre Gea, la Madre Terra, per proteggerla dalle voglie del dio. Da allora le corone trionfali consistono in rami di alloro intrecciati e l'albero di alloro è apprezzato in tutto il Mediterraneo. L'alloro si usa in cucina per insaporire. Io lo impiego principalmente per farne una bevanda: acqua e alloro, una tisana antica che non soltanto rinvigorisce ma rilassa e cura tutti i malesseri, dal mal di stomaco alla stanchezza, e perfino abbassa la febbre!

Una o due foglie per persona, bollite per non più di cinque-dieci minuti con una scorza di limone che dà un bel colore dorato, danno una bevanda limpida, trasparente, profumata, squisita se presa da sola e squisitissima con l'aggiunta di un cucchiaino di miele o di zucchero.

L'acqua e alloro non prevede né alcol né droga, e dunque è adatta a tutte le età e religioni: è la regina della cuntintizza.

La cuntintizza che suscita non è dovuta soltanto al gusto delicato, ma anche al profumo leggero e inebriante di limone e alloro, e alla vista delle foglie verdissime che nuotano liberamente nella tisana dorata.

L'acqua e alloro soddisfa i sensi, rilassa, crea armonia, pace e cuntintizza: è insostituibile. Tutte le altre bevande che conosco aiutano, accompagnano, curano ma non sono alla sua altezza.

Acqua e alloro è anche la pozione del rito del perdono, che mi è stato insegnato da mia madre: era la sua medicina e la prendeva spesso. Sento ancora la sua voce morbida:

L'acqua e alloro aiuta a perdonare e dimenticare le malefatte altrui che hanno fatto soffrire te e altri, basta seguire il rito che mi ha insegnato mia madre. Siediti nella poltrona in cui ti senti più comoda, poggia sul tavolino accanto la teiera colma di acqua e alloro e una tazza da tè con piattino. Versa la tisana nella tazza e bevine un sorso.

Pensa alle malefatte che ti hanno addolorato, ricordale una a una e soffri, bevi un altro sorso e perdona, bevi un altro sorso e dimentica.

Pensa alle altre malefatte che tanto ti hanno umiliata, ricordale una a una, e soffri, bevi un altro sorso e perdona, bevi un altro sorso e dimentica. Pensa, ricorda, soffri, perdona e dimentica.

Mamma mi spiegava che il perdono, grazie al profumo dell'acqua e alloro, non era penoso come avrebbe potuto essere altrimenti. Dopo il perdono bisognava anche dimenticare, che era la parte più difficile:

Dimenticare le malefatte perdonate è fondamentale per star bene e poi raggiungere la cuntintizza. Poi ti calerà dentro la tranquillità e la pace, un senso di benessere che poi diventa cuntintizza. Garantisco il risultato, sempre. Non ho mai smesso di prenderla, l'acqua e alloro!

Caffè e denti neri

Il caffè è una bevanda straordinaria: allunga la giornata, toglie sonno e stanchezza, rinforza la mente.

Fui introdotta al caffè quando studiavo fino a tardi per preparare gli esami di licenza media, che iniziavano a fine giugno.

Una sera era già tardi e mamma entrò nella mia stanza per chiedermi di spegnere la luce. Mi trovò a letto con la testa poggiata sul libro, addormentata. Il giorno seguente la implorai di darmi qualcosa che mi facesse studiare di notte. Fu allora che mamma prese a darmi, prima degli esami, una tazza di caffè nel tardo pomeriggio, anche se non era ancora l'età giusta, che a casa nostra si raggiungeva a quindici anni. Mamma, che prendeva il caffè amaro, mi insegnò a prenderlo senza zucchero.

Finiti gli esami, finito il caffè. Ne sentivo la mancanza e andavo in cucina di nascosto per cercare i resti nella caffettiera e ribollirli in *cafiata*. Quando mamma lo seppe si allarmò e mi fece un discorso molto lungo sulla dipendenza da sostanze dannose. Iniziò con una doverosa premessa: stava anticipando quello che avrebbe voluto discutere con me più avanti, quando fossi stata più grande, ma visto che avevo un *penchant* per il caffè me ne avrebbe parlato adesso: aveva a che fare con la cuntintizza.

«Vogliamo tutti goderci la vita ed essere felici. La felicità e l'infelicità sono gli estremi opposti. È sempre meglio evitarli e cercare la via di mezzo: la cuntintizza, che dura a lungo e allieta la vita nostra e quella delle persone che ci stanno attorno. Il caffè è una droga che fa male assai e crea dipendenza. Anche il vino e i liquori possono diventare una droga. Il tè invece raramente lo diventa.»

Mamma divenne tutto a un tratto seria; mi rivelò che il padre della mia nonna paterna era morto giovane di alcolismo. «Tu hai ereditato parte del suo sangue e devi starci attenta. Papà tuo è astemio, per sua scelta» e poi aggiunse: «Bere un poco di vino non fa male, ma bisogna esser cauti, lo sanno tutti. L'abuso di caffè non porta i problemi dell'alcolismo, ma può far male alla salute e soprattutto rende neri i denti». Mi guardò severa. «I denti neri! Questi una signora non deve averli mai» e mi ricordò che nei bar si serve sempre un bicchiere d'acqua insieme al caffè, proprio per levare la patina scura dallo smalto.

A casa Agnello e casa Hornby il caffè piace molto. Lo prendiamo spesso, sempre a piccole dosi. Godo della ritualità del nostro caffè, ereditata da nostra madre: mia sorella e io lo prendiamo sempre con il piattino in mano, mai lasciandolo sul tavolo, e lo sorseggiamo con gusto.

Quando avevo diciannove anni e studiavo all'Università del Kansas a Lawrence, nel bel mezzo degli USA, seguii un corso di arte giapponese. Per una giornata intera il professore ci spiegò nel dettaglio il rito del tè, che è fondamentale per conoscere la cultura giapponese. Il mio pensiero andò subito al nostro rito del caffè, ahimè sospeso a Lawrence, dove non si trovava a quei tempi il caffè macinato italiano ma soltanto quello in polvere. Ero fiera della similitudine e del rispetto che noi in Sicilia e i giapponesi avevamo per le nostre rispettive bevande preferite. Da allora sono un'appassionata ammiratrice dell'arte giapponese e una fan del primo romanzo del mondo, *La storia di Genji*, un libro scritto mille anni fa da una donna, Murasaki Shikibu.

Nel caffè c'è sempre un qualcosa di trasgressivo e di sensuale che non ho mai riscontrato nel tè. Il caffè ha avuto un ruolo significativo per la mia crescita durante l'adolescenza e poi per la mia emancipazione. Tra le bevande, è quella che risveglia di più i sensi: il profumo (olfatto), il nero lucido della bevanda e il contrasto con le bianche tazzine (la vista), il gusto (pastoso, amaro) il tatto (stringere il manico, carezzare la tazza, sentire lo spessore del bordo di porcellana tra le labbra), e il risucchio del lento sorseggiare il caffè sia caldo che freddo (udito).

Il caffè si prende di giorno, perché di notte può impedire il sonno. È dunque una bevanda che ci accompagna nei periodi di attività, aumenta le energie e contrasta stanchezza e pigrizia – come un amico che ci sprona a fare di più e meglio.

Mi dicono che il caffè può anche essere un pizzico afrodisiaco. A volte mi chiedo se il mito dell'*italian lover* non sia nato proprio dal caffè, che è stato introdotto in Italia dal Medio Oriente da Prospero Alpino verso la fine del Sedicesimo secolo. Comunque, sono grata al medico e botanico padovano per averci regalato questa cuntintizza.

Il caffè si beve amaro; mischiarlo con zucchero o latte ne altera la natura. Per questo il gelato di caffè non mi è mai piaciuto. C'è però un'eccezione: la granita di caffè con panna montata e zuccherata, perché in questo caso il dolce è un elemento esterno.

Q.b. ovvero Quanto Basta

Sono cresciuta leggendo le ricette di mia nonna, e tra quelle righe scritte a mano in corsivo a penna nera c'era una folta schiera di "q.b.", tradotto "quanto basta". Aggiungere farina quanto basta, mettere cacao quanto basta, far addensare quanto basta, salare e zuccherare quanto basta e così via.

Una volta saputo cosa significassero quelle due letterine e fatta dunque la grande scoperta, mi sono domandata: "Ma quanto basta a fare che? E chi lo decide che si è arrivati al quanto basta? Chi è che lo stabilisce, il confine del quanto basta?".

Sul q.b. mi sono arrovellata una vita. Quello del quanto basta è un concetto che travalica i confini della cucina e si sposta verso quelli decisamente più ampi della vita: siamo nell'area della filosofia morale, lì dove la vita si colma di sapienza esperienziale. Siamo noi a stabilire quanto basta, in ogni situazione e circostanza. Quanto basta è una scelta di responsabilità, che ha a fare con il libero arbitrio. È una scelta che abbatte i confini dell'oggettività per essere sostenuta da una soggettività consapevole, dalle sensazioni e dalle percezioni che impariamo a identificare, e infine, tornando in cucina, dal gusto del palato allenato.

Q.b. sembra una formula incerta e invece... basta fare la prova! È un criterio che discende dall'esercizio della responsabilità, ci dice di un sapore fino a dove può arrivare, per noi ma anche per gli altri, per coloro ai quali offriamo il frutto del nostro lavoro.

Si tratta dunque di una misura che, per quanto dettata dalla nostra personale sensibilità, è concepita perché determini gradevolezza. Ognuno stabilisce quanto è sufficiente, quanto è abbastanza, quanto va bene. E in quella consapevolezza ognuno fa sì che i commensali godano di un'armonia (la giusta sapidità, la giusta quantità di zucchero, le giuste proporzioni di ingredienti diversi) che è un dato di fatto e non un particolare segno di bravura.

Col tempo ho capito che la regola del q.b. funziona solo quando non se ne tiene conto. Ovvero, solo se non mi arrovello su quanto sia quel "quanto basta" ne ho pieno governo.

Con il q.b. si presuppone che la nostra esperienza diventi saggezza e che la saggezza ci aiuti a stabilire quando fermarsi, a non andare oltre. Non è un caso quindi che il "quanto basta" possa gettare nella disperazione, soprattutto quando si ha a che fare con una ricetta mai provata.

Il q.b. sottintende che ci si debba destreggiare tra l'eccesso e il difetto, tra il troppo e il troppo poco, e implica la ricerca di un equilibrio che non è traducibile se non dalla nostra "intimità" con i sapori. È un concetto particolarmente affascinante in cucina, un principio filosofico che rende ognuno responsabile delle proprie percezioni e sensazioni. Ma anche un elemento molto intimo e personale, perché ognuno stabilisce per sé quanto è abbastanza, quanto va bene.

Spesso mi trovo a discutere con mio padre in merito alla quantità di zucchero da mettere nella crema di ricotta, dato che a lui piace più dolce e a me meno. I nostri q.b. in questo caso non coincidono. E la stessa cosa mi accade col sale nel sugo. A me piace esagerare. Un poco, solo un poco, quanto basta: anche gli eccessi hanno il loro q.b.

Una certezza ormai l'ho acquisita: stabilire i propri "quanto basta" dà soddisfazione. Anche nella vita. Scoprirsi in grado di muoversi nel mondo con armonia ed equilibrio è una conquista. Forse è per questo che la formula q.b. ci turba e ci sprona. È lì come una raccomandazione, ma non ha la gravità di un gesto autoritario: ci chiede interiorità, ci chiede di tenere fra le mani il piccolo segreto di un grande benessere. Ci dice come stanno le cose, coincide con quella conoscenza dei confini che decide della nostra intelligenza del mondo.

Mentre scrivevo queste righe, perdendomi tra filosofia e cucina, pensavo a nonna Teresa e a quanto le avrebbe fatto piacere leggerle.

Quanto basta secondo nonna Maria

Nonna Maria non aveva libri di cucina, ma appunti scritti con l'inchiostro blu nella sua bella calligrafia inclinata a destra, nel classico corsivo italiano. Sul suo taccuino le ricette hanno soltanto lo scopo di indicare la quantità degli ingredienti e non danno mai i tempi di cottura. Al posto della durata, c'è l'uso dello *spitino:* lo spiedino di ferro si infila al centro della torta, se esce asciutto il dolce è pronto.

Nonna Maria non descrive come preparare la pietanza, le sue indicazioni sono brevissime, lapidarie: "impastare", "mettere in forno", "fare riposare". Non dà mai, per esempio, consigli su come preparare la teglia, se ungere il fondo e i lati di burro oppure di olio e poi foderarli di farina o di zucchero: scrive semplicemente "infornare".

Che nonna Maria contasse sulla matura esperienza culinaria dei lettori del suo libriccino è chiaro: non descrive mai la presentazione della pietanza o del dolce, che lascia alla discrezione di chi cucina.

Ecco alcune frasi ricorrenti nelle sue pagine. Se il dolce deve montare (con albumi montati o con lievito), lei scrive: "Si preme un poco la superficie e se *rimbalza* il dolce è cotto", e sull'impasto: "Aggiungere *quanto basta*", controllare *a occhio*". Frasi dettate da anni di esperienza.

Il retrogusto della cuntintizza

Da bambina non frequentai le scuole elementari, perché si rimaneva in campagna fino a Natale. Cominciai dunque i miei studi da esterna, dopo l'Epifania: la signorina Gramaglia, una bravissima maestra impiegata al Provveditorato agli Studi, veniva a casa la mattina alle 7.30 e per un'ora mi impartiva la lezione quotidiana. Mi lasciava puntualmente alle 8.35 per andare al lavoro. Le sue ultime parole erano sempre: «Mi raccomando, fai tutti i compiti che ti ho dato». Erano davvero tanti, ma ero diligente e li finivo tutti entro mezzogiorno, come lei mi aveva ordinato. Poi li riponevo orgogliosa nella carpetta da presentare alla maestra l'indomani.

Mi sentivo "brava"; quando non avevo fatto bene i compiti ricevevo rimproveri che mi devastavano per l'intera giornata, ma che alla fine imparavo ad accettare. Per fortuna questo accadeva raramente.

Quando la maestra mi dava un "nove" scritto con la matita rossa, scoppiavo di contentezza e portavo il compito alle persone importanti di casa che, oltre alla mia bambinaia Giuliana, erano tre: papà, mamma e Paolo, l'autista. Paolo in realtà era quasi un nonno per me. Era entrato a lavorare in famiglia quando papà aveva solo quattro anni e soffriva di osteomielite alla gamba destra, che negli anni a venire gli sarebbe stata amputata. Il commento di Paolo era sempre: «Brava, sì, ma sei troppo tosta». E non aveva torto.

Mamma ne era felice, mi abbracciava e mi offriva caramelle o dolcini che erano a portata. Papà diceva testualmente: «Hai fatto il tuo dovere». Il suo atteggiamento austero sopprimeva la mia cuntintizza e stringevo le labbra a prugna per non piangere.

Una volta mi lamentai con mamma della severità di papà, ma lei lo difese: «Non lo fa apposta, è il suo modo di trasmetterti il senso del dovere». Io capii ancora meno, e neppure mi aiutò a dimenticare la freddezza di mio padre. Soltanto col passare del tempo imparai a non parlare in famiglia dei voti ricevuti dalla maestra.

Mele cotogne e cotognata

Ci sono consuetudini che servono a scandire il susseguirsi dei mesi durante l'anno. Delle presenze, se così posso definirle, che delineano il profilo di una stagione in modo preciso.

Ogni anno nel mese di ottobre la cucina di casa era (ed è tuttora) invasa da un profumo ben definito, di zucchero e chiodi di garofano misto a quello di frutta cotta, un odore che ricorda quello della mela, ma con una nota più aromatica e una punta di aspro sul fondo. Lo conosco fin da quando ho memoria cosciente e per me è l'odore di ottobre: l'odore delle mele cotogne.

In campagna a San Basilio mio nonno ne aveva piantati un paio di alberi, solo per uso familiare. La mela cotogna infatti non è un frutto molto richiesto dai mercati, sono in pochi a conoscerla e apprezzarla, ma soprattutto non tutti sanno utilizzarla in cucina, a meno che non ci sia alle spalle una tradizione che si tramanda di famiglia in famiglia. È un frutto antico e non tanto comune, ha una forma irregolare e una patina leggermente vellutata sulla buccia, ed è faticoso da sbucciare perché la polpa è molto dura e consistente.

La mela cotogna non si mangia mai cruda – il gusto è aspro, sgradevole alla bocca, allappuso, lascia un retrogusto pastoso e fastidioso. Conosco soltanto due modi per prepararla: al forno, caramellata con lo zucchero e poi accompagnata da panna montata, o come cotognata (dei due modi quello sicuramente più co-

151

nosciuto). La cotognata è una sorta di marmellata, ma più densa, che si mette in stampi di ceramica smaltata di varie forme (di pesce, ad esempio, o tondeggianti con fiori e altri decori sul fondo); alla base, questi stampi hanno dei piedini, in modo da poterli poggiare sul piano.

Noi siciliani la consideriamo quasi al pari di una marmellata. La procedura in effetti è simile, ma più lunga, perché la polpa viene fatta cuocere di più fino a renderla più solida. Una volta versata nelle forme per farla rassodare, quando si è raffreddata si mangia tagliata a fettine.

Alla base di ogni forma vengono messi due o tre chiodi di garofano, che inglobati dal composto caldo e fumante fanno sbummicare tutto il profumo che impregna la cotognata.

Negli stampi può essere conservata al buio anche per più di un anno senza che vada a male. Mia nonna faceva cotognata per approvvigionare tutto l'anno in attesa di un nuovo raccolto, e dunque di un nuovo ottobre.

Mio padre racconta con nostalgia dei tempi in cui lui e i suoi cugini facevano merenda con fettine di cotognata sul pane. Mi ricordo quando aprivo gli stipetti degli armadi siti nell'anticucina e in sala da pranzo: erano stracolmi di formette di cotognata, tutta la casa lo era! Perché la cotognata, oltre a soddisfare le richieste della famiglia, veniva anche regalata ad amici e parenti.

Papà ha continuato a coltivare quegli alberi per noi, e ogni anno con quei frutti prepariamo cotognata e mele cotogne caramellate al forno secondo la tradizione di casa.

Mi rendo conto però che la mela cotogna è un frutto considerato ostico e a volte snobbato, forse per la difficoltà nel cucinarlo e per la sua scarsa versatilità in cucina. Addirittura si racconta che in alcuni Paesi non veniva nemmeno raccolto, o se lo si faceva non era per mangiarlo ma per usarlo per profumare i cassetti.

Io sono molto legata alle mele cotogne e alla loro stranezza e adoro mangiarle. Sarà perché in casa nostra sono sempre state una presenza fissa e costante anche durante le feste.

152

I baci non dati

Se ho un rimpianto, è quello di essere stata ritrosa con il mio primo amore, un ragazzo di poco più grande di me, incontrato a un convegno dell'Azione Cattolica ad Assisi. Un rimpianto che tuttavia si porta appresso qualcosa di dolce.

Lui napoletano, io palermitana, eravamo molto attratti l'uno dall'altra. Di giorno cercavamo di essere nello stesso gruppo, e poi, dopo cena, camminavamo su e giù per le strade e i vicoli di Assisi parlando fitto fitto, e di tutto. Camminavamo sino allo stremo l'uno accanto all'altra senza mai sfiorarci. Morivamo dal desiderio di passare al "mano manuzza", ma resistevamo alla tentazione.

«Guarda il tramonto» ricordo che disse lui. Eravamo seduti su un muretto della basilica del Santo, alti sulla grande piana di Assisi. Era inverno e io indossavo un cappottone ereditato da zia Teresa. Parlando, ci facevamo sempre più prossimi l'uno all'altra. Lui tentò di mettermi una mano sulla spalla, il suo volto sempre più vicino al mio. Io reagii da brava ragazza di famiglia e mi spostai. Lui prese la mia sciarpa e cercò di riguadagnare terreno, ma io lo spinsi e la sciarpa cadde oltre il muretto e volò giù dalla scarpata, perduta. Balzai in piedi, sconsolata. Lui non sapeva che fare e gli vennero le lacrime agli occhi. Allora cercai di consolarlo, e gli permisi di camminare per mano, ma niente di più. Arrivati all'alloggio, tentò un abbraccio ma io lo respinsi.

Ci lasciammo con la promessa di scriverci, ma non riuscii mai a rispondergli. Avevo quindici anni e mi sembrava una cosa compromettente.

Come le signore

"Ragazze d'altri tempi", così ci piaceva definirci. Daniela e io. *Così ci sentivamo rispetto ai nostri coetanei che, durante la merenda pomeridiana, consumavano bibite gasate e merendine confezionate... A noi piaceva prendere tè caldo e biscottini, e lo facevamo rigorosamente all'inglese, intorno alle cinque. Era la nostra consuetudine fin dai banchi di scuola, la nostra pausa preferita durante i compiti.*

Daniela era la mia compagna di banco del liceo fin dal quarto ginnasio: bionda, grandi occhi azzurro-cenere a goccia, estroversa e con una spiccata predilezione per la matematica. Se non fosse stato per le sue preziosissime lezioni private non so se avrei mai imparato a "far tornare i conti", né superato l'esame. Daniela fu una delle prime compagne di scuola a credere in me e nelle mie potenzialità. Come posso non esserle grata?

Crescendo non abbiamo mai abbandonato la nostra consuetudine tanto amata e condivisa. Cambiavano le circostanze, i luoghi, persino gli orari, ma il tè no. Il fatto che le nostre strade si siano separate dopo la maturità classica per scelte accademiche diverse – lei ingegneria, io farmacia – non ne implicò la rinuncia: riuscivamo comunque a trovare lo spazio e il tempo per quel rito. Era il nostro momento. Come due vecchie signore, sedute composte, tutto apparecchiato alla perfezione: le tazze decorate sui loro piattini, i cucchiaini in argento accanto, la zuccheriera in coor-

dinato, le fettine di limone tagliate sottili, le alzate con i biscotti variegati, immancabili quelli a forma di margherita con la marmellata di albicocca al centro e gli zuccherini, e poi la scatola di legno con una collezione di bustine di tè di ogni tipo: vaniglia, limone, bergamotto, frutti di bosco, arance e cannella, menta...

Uno dei nostri luoghi di ritrovo preferiti, in perfetto vecchio stile, era l'Antico Caffè Spinnato in via Belmonte, uno dei bar storici di Palermo, nella centralissima strada chiusa al traffico: il vero salotto della città a cielo aperto. Il bar ospitava una delle più antiche sale da tè frequentate dalle signore della Palermo bene. Anche le nostre nonne e le nostre mamme, con le loro amiche, erano solite andare da Spinnato.

Era una sfilata di signore eleganti che tutte conzate si recavano lì dopo il giro di negozi, per concedersi una pausa e intrecciare chiacchere, commentare i fatti di rilievo della città, progettare uscite insieme.

Di nostre coetanee ce n'erano ben poche, ma noi ci sentivamo comunque a nostro agio, come due vecchie signore. Chiacchieravamo sorseggiando quella tazza di tè tenuta garbatamente con le dita. Eravamo assidue frequentatrici, ormai. Noi insieme ad altre signore.

Ce n'era una in particolare che sedeva lì tutti i pomeriggi. Elegante, ben truccata, tutta allicchittata e ingioiellata. Portava un rossetto vermiglio, la matita sugli occhi ormai segnati dal tempo, un doppio filo di perle al collo, delle décolleté modello classico con poco tacco, e completi di gonne e cardigan sempre diversi e sempre accostati con gusto. In una mano teneva una borsetta di velluto rigida col manico e nell'altra il bastone. Ai polsi aveva bracciali d'oro e indossava una comoda pelliccia. I capelli erano corti, bianchi, con qualche sfumatura di grigio, cotonati ma non eccessivamente, sempre freschi di parrucchiere.

Era lì da sola al suo tavolo, sempre lo stesso, come se aspettasse qualcuno che però non arrivava mai. O per lo meno questa era l'impressione che dava a Daniela e a me. Eravamo attirate e incuriosite da questa bella signora anziana tutta sola. Lei ci guardava e ci sorrideva con dolcezza, esibendo consenso e approvazione. Di tanto in tanto buttava un'occhiata fugace verso di noi e ammiccava. Dietro quegli occhi che ridevano c'era cuntintizza, tanta, nell'osservarci. Ma sempre in modo garbato e delicato.

Chi aspettava tutti i pomeriggi? Un'amica che non arrivava mai? Un amore perduto? Una persona scomparsa? Eppure con che cura si preparava per ritagliarsi quella mezz'ora al giorno, quel tè pensoso ed elegante. Una consuetudine che ormai le apparteneva da una vita, anche se la compagnia di un tempo oramai non c'era più.

Forse rivedeva in noi due il suo passato, e noi due ci specchiavamo in lei.

Venne il periodo degli esami e Daniela e io mancammo da quella sala da tè per un po'. Di quella signora, della quale non conoscemmo mai il nome, si persero le tracce: rimase però la sensazione piacevole, soffusa, di volgersi, con la tazza nelle mani, a guardare il suo tavolo ormai vuoto o magari occupato da altri. Lei, per noi, era sempre là.

SECONDO INTERMEZZO

I vizi capitali

Avevo nove anni quando ricevetti la mia Prima Comunione. Era stato deciso che sarebbe avvenuto in campagna, nella chiesetta di Mosè, e che padre Parisi – il prete di famiglia – m'avrebbe impartito il catechismo ad Agrigento, dove rimanevamo fino al mese di maggio. Ero molto fiera di ricevere quelle lezioni particolari, anche perché consideravo il mio insegnante di gran lunga superiore alla signorina Gramaglia, la mia maestra, e ne bevevo ogni parola.

Il catechismo avveniva a casa (e in questo caso prima del pranzo, a cui lui poi era invitato) o nella parrocchia della chiesa di San Pietro, dove mi accompagnava la bambinaia, oppure da Paolo, dove poi rimanevo sola con il sacerdote.

Padre Parisi balbettava, soprattutto se si sentiva in imbarazzo. Non gli piaceva impartirmi il catechismo, era chiaro, dunque si inceppava nelle parole, nonostante io ne fossi invece entusiasta. Mi piacevano tantissimo le storie del Nuovo Testamento e perfino quelle del Vecchio Testamento, dopo la cui lettura parlavamo dei peccati e delle virtù.

Ricordo una discussione accesa sulla pazienza: lui mi accusava di essere impaziente, cosa che io negavo, sostenendo che tutte le donne erano pazienti e i soli impazienti che conoscevo erano maschi, come papà, gli zii e i cugini più vecchi di me, e dunque anche lui.

Padre Parisi respingeva l'accusa e mi parlava di Giobbe: «Giobbe sopportò con pazienza tutti i guai e le angherie della famiglia e del re. Quando arrivarono le piaghe, che portarono anche mosche e mosconi, quel sant'uomo rimase lì, senza muoversi, coperto di mosche e mosconi, con tutti 'sti *armalazzi* addosso. Questa è la vera pazienza!». Da allora ho considerato la pazienza come l'unica virtù da cui tenermi lontana a qualsiasi costo.

Alla fine di ogni "lezione" padre Parisi mi segnava sul libriccino del catechismo quanto dovevo leggere e quanto dovevo imparare a memoria per prepararmi alla confessione.

Avremmo dovuto annoverare anche i peccati, ma sull'argomento il pio sacerdote sembrava ritroso: non voleva parlarne, si limitava a elencarli tutti, uno a uno. A ogni peccato mi guardava in faccia, come se non volesse domande, e diceva: «Capisti?». E io: «Sì, ho capito».

E a modo mio capivo tutto davvero.

E a modo mio mi sentivo in dovere di ammettere di averne commessi tantissimi, di peccati, per fare contento padre Parisi, perché altrimenti alla confessione avrei avuto poco e niente da dirgli e nulla da cui farmi assolvere. Dunque scelsi un bel mazzo di peccati dal libriccino in cui erano elencati e li appuntai diligentemente sul quaderno di scuola. Avrei dovuto intitolarlo *Vizi capitali*, ma "peccato" mi sembrava termine più pratico.

Primo peccato: l'ira.
Avevo strappato la pagina di un quaderno su cui avevo fatto un bel disegno colorato con i pastelli; poi la mia sorellina era passata vicino con un bicchiere d'acqua e l'aveva rovesciato, bagnando il mio capolavoro. Stavo per darle una botta, ma Giuliana m'aveva fermato la mano. Chiesi a padre Parisi se quel comportamento fosse ira. Lui annuì e mi guardò serio. Cercai di nascondere la mia soddisfazione: dunque avevo commesso un vero peccato! Calai lo

sguardo, evitando il suo: sapevo che i comunicandi, quando vanno a prendere la comunione, avanzano lungo la navata con le mani giunte e lo sguardo basso, e anch'io dovevo abituarmi a essere come loro.

Secondo peccato: l'avarizia.
Ero molto gelosa delle mie matite e quando venivano i cugini a giocare le nascondevo per non condividerle con loro. Le bugie sembravano un peccato trascurabile, ma a me non piacevano. Ogni tanto uno dei cuginetti mi chiedeva di regalargli una delle matite, soprattutto quelle di cui c'erano dei doppioni, ma io dicevo di non averle. Padre Parisi mi disse che ero avara e dovevo offrire le matite di cui avevo un duplicato, perché così forse anche loro mi avrebbero dato le loro, e poi sancì: «È un *do ut des*». Non capii bene quella frase, e anche se ero certa di non voler prestare le matite ai cugini, avrei fatto una prova. Ne regalai una alla cugina più giovane, ma lei non mi offrì mai niente in cambio. Allora smisi di fingermi generosa. Tutt'ora ho un gran numero di matite a casa.

Terzo peccato: l'invidia (un grosso problema).
Ero una bambina privilegiata; passavamo estate e autunno nella nostra bella casa in campagna con vigneti, uliveti, mandorleti e pistacchieti. Eppure a me non piaceva dovere passare sei mesi lì, così come non mi piaceva ricevere a casa un'ora d'istruzione al giorno dalla maestra Gramaglia, da gennaio a giugno. In città non mi piaceva andare ai giardinetti con la bambinaia senza avere il permesso di giocare con gli altri bambini che erano lì con i loro compagni di scuola. Invidiavo i coetanei che frequentavano la scuola elementare e avevano compagni con cui parlare. Lo dissi a padre Parisi, che sospirò e poi suggerì che forse erano quelli a invidiare me, perché ero ricca. Queste parole non mi piacquero per niente. Decisi che forse chi aveva meno

di me era più felice e soprattutto aveva tanti amici. Io avrei voluto essere come loro.

Dunque registrai l'invidia come un peccato. Soltanto quando cominciai a frequentare le scuole medie capii che quell'invidia che provavo forse non era altro che un aspetto di quel senso di giustizia e di uguaglianza che mi era stato insegnato in famiglia. Questo dilemma mi ha accompagnato per anni.

Quarto peccato: la gelosia.
A casa nostra trattavamo tutte le persone allo stesso modo, e così anche gli amici. Un giorno zio Ignazio, il cugino preferito di mamma, portò a casa nostra Verena, una turista svizzera bella e bionda che parlava poco l'italiano di cui s'era innamorato. Io avevo cinque anni ed ero da tempo invaghita dello zio. Quando avevo tre anni, nel mese di agosto ero stata mandata per due settimane a Gibesi, la sua campagna, assieme alla bambinaia, perché mamma, incinta di mia sorella, era in procinto di partorire a casa. Zio Ignazio stava molto con me e mi portava nella sua piscina, la prima e unica che avessi visto. Un giorno gli chiesi di promettermi che da grande mi avrebbe sposato, e lui lo promise. Dunque io, rosa dalla gelosia, stavo dietro alla svizzera e allo zio nella speranza che lei se ne andasse presto. Sapevo che avrei potuto sposare lo zio soltanto dopo i sedici anni, dunque ero pronta a tollerare Verena per un breve periodo. La "biondona" – come la chiamava la mia bambinaia – cercava di essere gentile con me, ma io la snobbavo: lei non era degna di lui, io invece sì. E contavo sulle mie dita tutte le cose che avrei potuto offrire all'amore mio e che quella forestiera non aveva: sapevo preparare le palline di pasta reale e poi avvolgerle nel cacao per offrirle a tavola; conoscevo il siciliano, che lei non parlava; e parlavo il francese, che lei parlava male. Insomma, Verena mi era inferiore!

Zio Ignazio e zia Verena si sposarono quando avevo sei

anni; fui persuasa da mamma a essere gentile con la nuova zia. Ricordo le parole che le dissi quando venne a casa al ritorno dal viaggio di nozze: «Va bene che sei sua moglie, ma ricordati che io sono stata la sua *prima* moglie!». Da allora in poi imparai ad ammirare e a voler bene a zia Verena.

Quinto peccato: la gola.
Un peccato comune che ero certa di condividere con tutto il mondo attorno a me. Stavo molto attenta, soprattutto durante la quaresima, quando la gente doveva rinunziare a tante cose. Ci tenevo molto a dimostrare a me stessa che sarei riuscita a non mangiare i dolci per quaranta giorni, un periodo lunghissimo. Ma siccome non ci riuscivo e cedevo alla golosità, anziché rinunciare ai dolci, feci un patto privato con Dio: avrei sacrificato del cibo a cui non tenevo tanto, ma che era considerato un mangiare da festa e ambito, per esempio, il dentice, o l'aragosta. Quando c'era il pollo rifiutavo il petto – la parte più buona – e prendevo una coscia, piena di nervetti e cartilagine callosa. Poi per il resto del giorno ero tutta fiera del mio sacrificio, e in privato sgranocchiavo biscotti e cioccolatini.

Sesto peccato: l'accidia.
Un peccato di cui non capivo il significato. Padre Parisi mi spiegò che significava essere pigri, soprattutto nel fare del bene agli altri, ed era un cattivo peccato. Io invece m'ero convinta che fosse un peccato bruttissimo che includeva l'omicidio di qualcuno, come indicava la parola stessa. Padre Parisi non era d'accordo e insisteva che era la pigrizia a rientrare nell'accidia, e non l'omicidio. Allora cercai di trovare tracce del peccato dell'accidia nel mio comportamento, ma più ci pensavo, più mi confondevo: io non ero mai stata pigra! Inoltre Giuliana mi aveva spiegato che l'accidia era tipica di uno che non vuol far nulla, e dato che io ero sempre in movimento – anzi, a casa mi prendevano in

giro dicendo che ero il moto perpetuo (altra cosa che non mi piaceva: pensavo significasse che mi muovevo come una trottola, perché quella sì che è in moto perpetuo, quando è stata caricata bene) – non mi apparteneva.

Comunque, decisi che l'accidia era un peccato che non faceva male a nessuno, il peccato di chi si isolava dagli altri, di chi era indolente e poco operoso. Dunque mi consolavo dicendo che non era un peccato così importante da confessare, soprattutto da parte di chi vi indulgeva poco come me.

Settimo peccato: la lussuria.
Quella mi lasciava davvero molto perplessa. Lussuria veniva da "lusso" e il lusso piaceva tanto a tutti. "Quella signora indossa un vestito lussuoso" era un complimento. Gli sposini che s'erano arredati la nuova casa con gran lusso erano ammirati. Quando mamma mi portava con sé da Hugony, il grande negozio di Palermo che era una sorta di *mini-department store*, tornava spesso senza aver comprato nulla. Diceva, con un sospiro: «Che bella questa roba di lusso, ma non si può comprare: costa cara». E dunque questo penalizzare il povero signor Hugony per il fatto di avere un negozio di lusso mi sembrava quanto mai ingiusto. Decisi di non confessare la lussuria: non era cosa per me, preferivo i miei vestitini cuciti da Melina la sarta.

Il giorno della Prima Comunione si avvicinava. Avevo elencato tutti i miei peccati su una paginetta e li rileggevo costantemente, per aggiungervene altri e riportare gli esempi che padre Parisi mi avrebbe chiesto alla nostra prima confessione. Ne ero fiera, li avevo scritti e riscritti in bella copia, in stampatello. Anche perché non era stato semplice per me: la miopia si stava già manifestando, ma io non me ne rendevo conto.

Finalmente Giuliana mi portò nella parrocchia di San Pietro per la mia prima confessione. Padre Parisi m'aspettava, ma volle prima confessare le signore sedute nei banchi vicino al confessionale. Si mettevano in fila a due a due, una a destra e l'altra a sinistra, e intanto io aspettavo, tesa. Avevo preparato una bella lista di peccati ma non sapevo se padre Parisi volesse che li leggessi ad alta voce oppure che gli dessi in mano il pizzino su cui lui m'avrebbe interrogata. Notavo che nessuna delle signore si portava una lista dei peccati, e dunque cercavo di memorizzare i miei rileggendoli sottovoce. Giuliana era in ginocchio e non si accorgeva di nulla: lei era molto religiosa, e *murmuriava* le sue preghiere in ungherese.

Finalmente giunse il mio momento. La confusione fu totale, non riuscivo a leggere il pizzino perché nel confessionale era buio e Giuliana aveva chiuso la tendina dietro di me. Non vedevo bene padre Parisi dato che tra noi due non c'era un vetro, ma un legno tutto bucherellato da cui intravedevo pezzettini del suo volto sbarbato. Intuii che lui aveva appoggiato l'orecchio sulla grata. Decisi di chiudere gli occhi e confessare tutti i peccati del mondo.

Padre Parisi non mi incoraggiava a parlare, e io dunque continuavo lenta lenta. Poi la sua voce m'interruppe, spazientita: «Basta così!». Pensai di aver ecceduto nei peccati, e mi sentii in imbarazzo. «E la penitenza?» chiesi ansiosa ma anche fiera di essere una peccatrice e dunque di meritarne una.

«Quando entri a casa, dai un abbraccio alla prima persona che vedi e le dici "ti voglio bene".»

«E agli altri?» chiesi.

«Come vuoi tu» fu la sua risposta, e *murmurió* delle parole latine che non capii. Poi mi disse brusco: «Ora *vattinni*».

Ero molto fiera di quella confessione e un po' preoccupata della penitenza, ma tornai a casa felice! Ero andata in chiesa a confessare i miei peccati e lì li avevo lasciati, perché avevo avuto l'assoluzione di padre Parisi.

Giuliana mi aveva anticipato che la penitenza sarebbero state almeno una o due avemarie, mentre mamma diceva: «Basta una preghierina». Invece la mia penitenza consisteva soltanto in un abbraccio alla prima persona che avrei visto a casa. Non avrei dovuto pregare, leggere il catechismo, imparare a memoria delle frasi... Solo un abbraccio! Valeva la pena confessarsi, fare la Prima Comunione ed essere senza peccato!

Altro che cuntintizza: mi sentivo importante, cresciuta, mi sentivo nuova nuova, pulita e senza peccato.

La porta di casa solitamente veniva aperta da Francesca, la nostra amatissima cameriera, e non vedevo l'ora di abbracciarla. Disgrazia volle che quel pomeriggio la porta venisse aperta da Paolo, l'autista, che era appena tornato dalla campagna e stava portando i panieri di frutta e verdura in casa. Paolo era nella sala, m'aveva intravista dalla finestra sulla scala e aveva aperto per farmi entrare. Fece per girarsi e portare uno dei panieri di fichi in cucina ma io gli ingiunsi: «Paolo, fermo! Vieni qua!». Era il primo ordine che gli davo. Lui mi guardò perplesso e si avvicinò. «Abbassati» gli dissi. Ancora più perplesso, si abbassò pensando che avessi problemi a camminare, forse una pietra in una scarpa. Invece io mi appesi al suo collo, gli diedi un bacio sulla guancia ed esclamai fiera «Ti voglio bene!», aggiungendo a mo' di spiegazione: «Questa è la mia penitenza!».

Paolo sollevò le sopracciglia e riprese a spostare i cestini di frutta, *murritiando*: «Diavolo è 'sta *picciridda*!». Io non lo *rispustiai*, sapevo di avere la coscienza pulita, e Giuliana, che era accorsa, osservava soddisfatta la mia rigorosa osservanza dell'ordine di padre Parisi. Vedendo lo sguardo interrogativo di Paolo lo rasserenò: «Un'altra delle idee bizzarre di padre Parisi». Lei quel prete non lo sopportava e Paolo lo sapeva bene. Si guardarono e capirono. Io nemmeno ci feci caso perché ero felice.

Il resto della giornata fu pura cuntintizza: mi sentivo buona e leggera, e soprattutto mi sentivo "santa". Avevo avuto la benedizione, solo per me, non come fa il sacerdote alla messa per tutti i fedeli, ma mia personale. Ed ero anche contenta di avere abbracciato Paolo, che per me era come un nonno. Sarebbe stato meno gradevole se avessi dovuto abbracciare la cuoca, Pina, una vedova arcigna e puzzolente di aglio e cipolla. Dunque, la preparazione per la mia prima comunione iniziava al meglio.

La fotografia della mia Prima Comunione è nell'album di famiglia: una bambina grassottella e decisamente bruttina in un vestito bianco di piqué con piccoli pois. Per l'occasione erano venuti i cugini da Palermo e la chiesetta di Mosè era gremita. Per me quello era il momento in cui diventavo "grande" ed entravo in società; ormai mi sentivo pronta a fare del bene agli altri. Ero ben disposta ad allontanarmi da tutti i peccati, a seguire i comandamenti di Dio e a far sì che i miei cugini, sia più vecchi che più giovani, facessero altrettanto. Ci volle tempo per capire che fare del bene agli altri senza aspettarsi un grazie o altro riconoscimento fa parte della cuntintizza.

La Comunione però mi aveva creato un problema. Sapevo che l'ostia diventava carne di Cristo e sapevo anche che dovevo scioglierla contro il palato, mai morderla, appunto perché era il corpo di Cristo. Col passare del tempo, anziché abituarmi a quel rito, avvertivo sempre più una grande responsabilità, perché temevo che, incapace di controllare la masticazione, prima o poi sarei finita con la bocca piena del sangue di Cristo.

Fu questo – e non i dubbi sulla fede – ad allontanarmi da quel sacramento. Non volli mai rivelare la mia paura a nessuno, ma mi sentivo veramente felice quando potevo astenermi dal prendere la Comunione. Era un atto di rispetto verso Nostro Signore. Io non l'avrei mai morso.

CUNTINTIZZA E SCUNTINTIZZA

I nemici della cuntintizza

A lungo ho ignorato che ci fossero persone incapaci di godere della gioia degli altri, o addirittura degli avvenimenti gioiosi della propria vita e dei propri familiari. Invece esistono e sono i pessimisti, quelli che vedono tutto in nero. Quando succede loro qualcosa di bello quasi quasi se ne addolorano perché pensano allo sgomento, alla rabbia, al dolore quando quel bello dovrà scomparire o diventerà brutto. Queste persone esistono e sono numerose, ne ho conosciute diverse io stessa, sin dall'infanzia.

I poveri raramente hanno problemi di questo tipo: sono costretti a lavorare per guadagnarsi il pane quotidiano e pensare al bene della propria famiglia; per loro la cuntintizza potrebbe consistere semplicemente in un buon pasto.

Ho visto i nemici della cuntintizza *alliniare* nelle famiglie delle classi alte. I figli maschi maggiori sono quasi sempre i preferiti, e dunque i minori ne soffrono e li invidiano, poi trovano conforto nel rancore, nella gelosia, nel pettegolezzo, e si assuefanno a questa loro seconda natura. Non sanno nemmeno che significa, la cuntintizza.

Un tempo le zitelle erano particolarmente acide, astiose e invidiose. Le donne in genere non lavoravano (e se accadeva era perché "dovevano" farlo), e dunque le figlie non sposate erano mantenute dalla famiglia, che non era riuscita a dare loro una dote per il matrimonio. Alla morte dei genitori, le zitelle non andavano a vivere con una sorella maritata ma da un fratello sposato, dove erano in un certo senso sottoposte alla volontà della cognata, con cui spesso i rapporti erano tesi.

Nemici e nemiche della cuntintizza spiccano nelle riunioni familiari – un compleanno, un matrimonio, una visita di lutto o addirittura un funerale. La loro natura si rivela attraverso atteggiamenti ed espressioni del volto – sospiri, smorfie leggere, bocca in giù, sguardi dall'alto in basso – ma soprattutto col linguaggio. Tutti i nemici della cuntintizza, maschi e femmine, hanno il dono di trovare sempre la parola giusta per far male a qualcuno. I funerali e i matrimoni sono il loro momento di gloria. Lì, davanti a parenti e amici, possono darsi arie e guastare con una mezza frase un'atmosfera di gioia o di dolore. Ai funerali di un fratello che è stato marito infedele, come tanti, e forse ha avuto dei figli illegittimi, basta dire con un sospiro: "Con una moglie difficile come questa, soltanto ora avrà pace". Oppure: "Tante ne fece, e tante delle sue *fimmine* ora *arrifriscano* senza di lui, altro che venire al funerale con 'sta faccia triste". O la frase "*Talè sta scanusciuta*, vero è che è figlia della bonanima! Ha pure la stessa voglia sulla fronte."

Le nemiche della cuntintizza comunicano con i movimenti del volto, oltre che con le parole. Hanno una grande abilità nel roteare gli occhi, nell'abbassare le palpebre, nel muovere la bocca arricciando le labbra, nel contrarre il mento come se fosse il muso di un cane, nell'aggrottare la fronte e sollevare un sopracciglio per dimostrare stupore o dare a intendere ad altri che loro sanno più di tutti. Tutto senza mai aprire bocca.

I nemici della cuntintizza squadrano le loro vittime a distanza e poi si avvicinano, all'apparenza educati, pronti a una parola affettuosa, ma lo sguardo rivela il loro intento: ottenere più informazioni e distruggere la loro cuntintizza.

Spine che spinano

Provate a pensare a dei sassolini sotto il piede, piccoli piccoli eppure così puntuti da impedirvi la camminata. Ecco, così sono i nemici della cuntintizza, presenze che la offuscano, che la annullano. Per fortuna non in modo definitivo. Eppure sanno essere parecchio fastidiosi in tutta la loro grande piccolezza. Non sempre si palesano immediatamente, a volte si celano dietro una maschera (e sono i peggiori). Tolta la maschera, si insinuano attraverso una risposta acida, un gesto maldestro, una parola fuori luogo, uno sgambetto "accidentale", un sorriso fasullo, o attraverso una mano che si è finta amica.

Sassolini, sì. Ma forse è ancora più appropriato pensare alle spine dei fichi d'India. Rispetto a tutte le altre spine, ben visibili, quelle dei fichi d'India sono così sottili che quasi non le intuisci, e invece feriscono con tutta la loro chirurgica trasparenza. Mentre dalle altre ci si può difendere, da queste ultime no. Sono un nemico invisibile, dunque difficile da combattere. Sono così leggere e impalpabili che possono arrivare quando meno te lo aspetti e colpirti dove pensi di essere protetto. "Basta guardarli, i fichi d'India, per spinarti tutto" dicono in campagna. Quello che non passa inosservato è lo spinoso disagio che ti resta addosso. Solo se sai come affrontarli potrai evitare di pungerti.

Ho riflettuto, sono tante (troppe) le cose che ogni giorno insidiano e minacciano la cuntintizza. La maggior parte di esse va dunque ignorata per preservarla, per custodirla. Non saprei dare al nemico un volto solo, perché sono parecchi quelli che mostra. E non saprei nemmeno stilare una graduatoria in base alla gravità, in una scala di colpe. Il nemico è lì dove lo vedi (o dove non lo vedi) oppure è dove tu vuoi che sia.

Non sono i gesti eclatanti quelli più incisivi, ma al contrario sono le innumerevoli, microscopiche spine che ti colpiscono a più riprese a sortire un effetto maggiore. Non sono dolorose, perché "dolore" sarebbe una parola eccessiva. Sono stizzose, moleste. Ti senti colpito e, comunque ti giri, pizzicano ma non sai più identificare dove. Tanti piccoli fastidi che pesano più di uno grosso, visibile e solitario.

Così sono le malefatte, volute o accidentali, in cui purtroppo inevitabilmente incappiamo. Per bene che vada, almeno un gesto, una parola, una mossa al giorno sono dietro l'angolo, in attesa. Sta a noi schivarli. Non importa se lo meritiamo o se ne siamo vittime in modo del tutto casuale. Altre volte siamo noi a trasformarci in spina di fico d'India. Carnefici di cuntintizza, così diventiamo, consapevoli o no. Ma così è.

Io per difendermi dalle spine ho imparato a indossare guanti speciali, spessi e resistenti, e soprattutto ho imparato che, prima di sbucciare i fichi d'India, devo lasciarli a mollo nella acqua tiepida un paio d'ore.

Non sopporto gli eccessi, la falsità, la cattiveria – gratuita o meno che sia –, la scarsa delicatezza nello stare al mondo e la maleducazione nei riguardi del prossimo. I guanti e l'acqua tiepida, nella vita relazionale, sono più difficili da usare, ma la similitudine regge. Imparo a difendermi, imparo a rendere più accessibile, più morbido, più soffice il mio contatto con il mondo e con i miei simili. Simili, per l'appunto. So di che pasta sono fatta io stessa, e proprio per questo ho imparato a guardarmi dalle "spine" di quei frutti meravigliosi che sono gli esseri umani.

Nascite, matrimoni e funerali

Nascite, matrimoni e funerali sono le cerimonie che scandiscono la vita degli esseri umani. In queste occasioni, i nemici della cuntintizza camminano a gruppi, mai isolati, come dei cacciatori davanti alla tana delle lepri, in attesa che una di queste scappi per poi impallinarla. In un primo momento sembrano un gruppo compatto e leale – si supportano a vicenda e vengono in reciproco aiuto nei momenti difficili. Ma questo non dura: i nemici della cuntintizza se la prendono tra loro con spietata crudeltà. Quando a uno di loro capita una cosa molto bella – un'inaspettata eredità, il successo di un progetto, un posto di lavoro ambito –, anziché congratularsi e godere della sua buona fortuna, gli altri, pieni di invidia, si accaniscono compatti contro il fortunato con tutti i mezzi a loro disposizione. Il castigo più facile e di maggiore efficacia è togliere il saluto e sparlare in giro.

Le nemiche della cuntintizza invece preferiscono il silenzio e l'isolamento, piuttosto che prendersela tra loro. Guardano le persone che invidiano con uno sguardo tagliente e duro come un filo di ferro, e poi ne sparlano a destra e manca.

Di recente i nemici della cuntintizza si sono modernizzati. Mai nessuno in passato si sarebbe sognato di accusare un professionista – medico, ingegnere, insegnante – di avere commesso uno sbaglio senza averne le prove. Oggi la tendenza è quella di incolpare immediatamente gli altri, se qualcosa va male: un medico che ha fatto una diagnosi errata, il chirurgo che non ha operato bene, l'imprenditore che ha perso una gara, l'insegnante che non ha supportato lo studente svogliato, il governo che non ha previsto un'epidemia.

Stranamente gli aspetti positivi del diritto a favore del cittadino e dei deboli hanno offerto ai nemici della cuntintizza nuovi territori da conquistare. Mi chiedo se alcuni dei no vax non siano nemici della cuntintizza e, in questo caso, della salute di tutti.

Piccole parole rivelatrici

I nemici della cuntintizza dimostrano la loro disapprovazione con un semplice abbassare le palpebre, inclinando in basso gli angoli della bocca, grattandosi delicatamente il lobo dell'orecchio. L'orrore si dimostra sgranando gli occhi e stringendo le labbra a prugna. Ma il nemico della cuntintizza sa anche dissimulare disdegno e disapprovazione attraverso tirati sorrisi di convenienza. A volte le sue parole di speranza e di consenso sono contraddette da sguardi dubbiosi e alzate di spalle.

Il nemico della cuntintizza abbandona ogni riserva a tavola. Non ha importanza quanto sia buono il pranzo, quanto sia elegante la tavola, quante pietanze vengono servite. Se è determinato a distruggere l'atmosfera gioiosa, ci riesce sempre. Inizia in modo leggero: "La pasta è un po' scotta, ma il sugo è buonissimo!". Poi passa al vino, ne prende un sorso, schiocca le labbra, guarda la persona seduta dirimpetto, schiocca ancora più forte le labbra per catturarne l'attenzione e quando la ottiene abbassa le sopracciglia e gli angoli della bocca: "Ho tentato di gustarlo, ma non c'è niente di buono in questo vino".

Nei pranzi formali, quando la tavola è decorata di tutto punto con fiori e la migliore argenteria, il nemico della cuntintizza osserva la distanza tra i vasetti fioriti, bada se i cestelli del pane sono identici, controlla che le saliere e le pepiere siano tutte piene allo stesso livello. E quando viene servito pepe in polvere, il nemico della cuntintizza posa la pepiera con un sospiro: "Col macinino è un'altra cosa".

Il nemico della cuntintizza si accanisce spesso sui giovani e sui vecchi, meno sui propri coetanei. I primi non sono abituati alle tavole dei grandi, alla vita di salotto, alle funzioni sociali, e alla loro prima manchevolezza o goffaggine l'occhio del nemico della cuntintizza li gela e li mette in imbarazzo. Gli anziani di frequente perdono di lucidità e non reagiscono alle loro frasi pesanti e talvolta spietate.

Altre volte i nemici della cuntintizza preferiscono fare capannello, in genere contro una parete o vicino a una finestra che può anche fare da specchio per spiare la gente dirimpetto. Fingono di parlare tra di loro, ma in realtà guardano dall'alto in basso tutti i presenti e commentano con il loro linguaggio subdolo: "Guarda un po'".

Segue di solito un "Boh..." sarcastico accompagnato dall'inarcarsi delle sopracciglia a labbra strette; oppure basta l'incresparsi della fronte per mandare il messaggio alle persone lontane pronte a carpirlo.

Finalmente, con il volto immobile, il nemico della cuntintizza sibila un *"Talè!"*, che, a seconda di come è detto, può in due sillabe sintetizzare una varietà di frasi e parole italiane: "Guarda un po' quel meschino", "È un impostore", "Come osa comportarsi in quel modo!", "Non credo a una parola di quanto dice!", "Dove ha trovato una donna cosi bella?", "È stato fortunatissimo, e non lo merita!". Sembra di sentire recitare degli attori. "Cose dell'altro mondo" dicono mentre due giovani innamorati si carezzano il volto; *"Moru moru"*, quando una bella donna avanza con tacchi altissimi e a ogni passo sembra sul punto di cadere.

I nemici della cuntintizza sono anche astuti e sanno imbrogliare, soprattutto quando puntano a ottenere qualcosa a cui tengono. Riescono a sembrare generosi e amici, anche se mai a lungo. Sanno controllarsi. Spesso ai ricevimenti ho notato la delicatezza e la *camaraderie* di persone che credevo nemiche della cuntintizza, ma che si mostravano buone, allegre e incoraggianti, per esempio con gente del continente che sperava di comprare una casa di villeggiatura o un palazzo a Palermo per viverci. Poi si allontanavano, stanchi di fingere, e tutto a un tratto in genere l'uomo attirava a sé la moglie per il braccio e le bisbigliava cose che suscitavano nella donna un certo sgomento. Dopo avere sfogato le loro sgradevolezze ritornavano all'attacco con un sorriso angelico.

È triste constatare che i nemici della cuntintizza trasmettono ai propri figli il loro modo di fare. Il loro comportamento è quello del maestro che insegna all'allievo come mettere in atto ostilità nei confronti della felicità propria e altrui.

Quante volte a un ricevimento ho visto in un angolo del salotto un professionista rivolgersi in toni accesi al figlio che sta formando nell'azienda di famiglia: gambe larghe, piedi distanti uno dall'altro, spalle curve, testa calata, il padre parla gesticolando come se volesse dare al figlio una bastonata, ma è costretto a trattenersi. Poi tutto a un tratto si allontana. Il giovane, ancora scosso, incontra amici, riprende a sorridere, cerca di dimenticare le parole del padre che da lontano ancora lo osserva torvo. Il ragazzo se ne accorge, ma non osa avvicinarsi al nemico della cuntintizza. Mi ha sempre sorpreso vedere come questi nuclei familiari così carichi di tensioni diano all'esterno l'immagine di una famiglia unita.

Una mia amica era stata adottata dagli zii paterni, noti per essere grandi nemici della cuntintizza. L'avevano mandata in scuole private molto costose, le elargivano ampie somme di denaro per comprarsi bei vestiti, ma poi la rimproveravano per i suoi gusti costosi, ricordandole che era nata povera e sola e che avrebbe dovuto imparare il risparmio.

Quando la mia amica andò a vivere fuori casa per frequentare l'università di Padova, mi disse che sentiva la mancanza delle loro stroncature e dei loro rimproveri: «Certe volte penso che mi piacerebbe tornare da loro un poco; la vita è piatta qui, non ci sono alti e bassi».

Dentro di me sapevo che prima o poi anche lei si sarebbe comportata come i suoi zii nei riguardi dei propri figli, ma evitai di risponderle e cambiai argomento. Tante amicizie rischiano di essere distrutte da gente che in buona fede cerca di essere d'aiuto ma non sa come farlo. In quei casi è preferibile il silenzio, che non è connivenza ma supporto.

Divagazione sull'invidia

L'invidia *sbummica* quando l'invidioso vede che altri, che lui considera inferiori e incapaci a paragone con se stesso, ottengono quello che spetterebbe a lui: un posto di lavoro, il matrimonio con un'ereditiera, una bella casa... La sua reazione è quindi quella di denigrare il prossimo, a volte pubblicamente, a volte in modo subdolo.

L'invidia logora l'invidioso, diffonde un'aria tossica attorno a lui e la sua negatività contagia le persone a lui care.

Al contrario della cattiveria, l'invidia non è contagiosa, e gli invidiosi, a differenza dei cattivi, non fanno capannello o si aggirano in gruppo. C'è tanta solitudine in questo triste peccato.

La cattiveria e la bontà possono andàre d'accordo?

Esagero? Non credo. Fate mente locale. Cercate nel vostro catalogo di esseri umani, tra parenti, amici, tutti. Il cattivo può nutrire un sentimento d'affetto verso qualcuno, ma non riuscirà mai a diventare buono, e lo stesso vale per il buono, che spesso soffre per le cattiverie altrui, ma se cerca di reagire con le stesse armi lo fa in modo goffo e inefficace.

Il buono riesce a godere della vita anche quando è sofferta, cerca di fare sempre del bene e vede il bello anche dove è difficile notarlo. Il cattivo invece spesso è del tutto incapace di riconoscere e godere della bontà e della bellezza.

Quel qualcosa di soffice, quella pallina di zucchero al profumo di cannella che sta in fondo all'anima, è materia troppo delicata, non si lascia contemplare da chi sente più forte l'urgenza di fare il male, anche quando il male stesso è piccolo come quella pallina di zucchero.

Crediamo che la gente ricca e potente sia felice. In realtà l'insicurezza, il peso del potere e la paura della concorrenza altrui (sia di persone dello stesso ceto che di persone meno influenti e abbienti) dissipano una gran parte della cuntintizza di cui l'uomo comune pensa debbano godere i privilegiati.

Si dice che a stomaco vuoto non si conosce la cuntintizza. Io non ne sono convinta. Il povero da generazioni ha una sua dignità e sa godere di quel poco che è a sua disposizione. I nuovi poveri invece spesso sono diversi: sono insistenti e aggressivi. Esistono tuttavia delle eccezioni. Se il povero è anche cattivo, probabilmente è perché lo è diventato: commette reati come se non ne avesse coscienza. Considera che sia suo diritto ottenere quello che tanti altri hanno senza merito.

Un tempo erano i poveri ad avere famiglie numerose, mentre i ricchi, per la paura di dovere suddividere il patrimonio, preferivano avere pochi figli. Addirittura, nella Sicilia del passato, si uccidevano le figlie neonate soffocandole con un panno umido.

Esopo sostiene

È utile che i nemici della cuntintizza conoscano la storia del contadino e della serpe, che il greco Esopo scrisse più di duemilacinquecento anni fa. La favola racconta di un vecchio contadino che, durante la stagione invernale, trovò in un anfratto una serpe intirizzita dal freddo. Avendone compassione, la prese e se la mise sul petto per riscaldarla. Quando la serpe si riprese, tornò alla propria natura e morse il benefattore. Prima di morire, il contadino mormorò: «Ho quello che mi merito, non avrei dovuto aver compassione di quella serpe malvagia».

Esopo ci insegna che i malvagi non cambiano mai se non in peggio, e bisogna starne lontani perché pericolosi, soprattutto quando vengono trattati con estrema bontà.

I moderni nemici della cuntintizza

Da bambina mi chiedevo cosa facessero i nemici della cuntintizza. Immaginavo che fossero secondini delle prigioni,
o professori severi e ingiusti che trattavano bene soltanto
gli alunni preferiti o i raccomandati. Oggi considero nemici della cuntintizza gli squali della finanza e i trafficanti di
esseri umani. Mi auguro che vivano nel terrore di morire e
andare all'inferno.

Chi vive una vita di cuntintizza muore rassegnato, se non contento

Invece chi vive una vita ricca di cuntintizza se la tiene fino alla morte, che accetta in ogni caso. Mia madre mi raccontava di sua madre, nonna Maria, morta a soli cinquantasei anni di un male che allora era incurabile. Le sue ultime parole ai figli furono: «Non avete idea di quant'è dolce morire».

Is he worthy of you?

Questa domanda è stata per me il maggiore insegnamento di Eve Arnold. La sua eredità morale.

Andò così.

Negli ultimi mesi dei suoi novantasei anni Eve Arnold viveva in una residenza per anziani, non lontano da casa mia. Ci andavo quando potevo, senza avvertire, da sola. Eve aveva perduto la lucidità, ma non totalmente. Spesso quando arrivavo era assopita, così mi sedevo vicino a lei e leggevo il giornale o un libro. Ogni tanto la guardavo o le accarezzavo la mano o la guancia. A volte era in un mondo tutto suo, parlava a ruota libera del passato e del presente, anche agitata. Cercavo di collegare le sue parole a discorsi fatti in passato e a eventi della sua vita che mi aveva raccontato: sulla madre, sui fratelli e le sorelle, sulla povertà in cui vivevano da ragazzi, e sui nipoti.

Spesso la trovavo a letto appoggiata ai cuscini, con "The Guardian" fra le mani come un breviario. Da anni non leggeva più, ma glielo portavano ogni mattina e lei gli dava solo uno sguardo. Glielo leggevano ad alta voce le persone che l'andavano a trovare, oppure Linni Campbell, sua assistente per quarant'anni, una donna che non solo aveva lavorato egregiamente per lei per così tanto tempo ma che ora la curava con amore figliale.

Il 22 dicembre 2012 passai dalla casa di riposo per un saluto. Eve sembrava assopita. Le avevo portato dei garofani e glieli passai sotto il naso, sperando che il profumo le risvegliasse l'olfatto – che spesso permane anche quando gli altri sensi affievoliscono o scompaiono. Nessun segno. Cercai di richiamare la sua attenzione per mostrarglieli nel vaso in cui li avevo sistemati. Lei sollevò una palpebra, biascicò qualcosa – *Pretty* credetti dicesse, ma forse mi illusi – e poi la richiuse. Le restai accanto come sempre e sfogliai distrattamente "The Guardian". Alzavo di tanto in tanto lo sguardo su di lei, come fosse stata un neonato da sorvegliare. L'occhio non era del tutto chiuso e le carezzai la mano. Sembrava sentire, e capire. La palpebra però si richiuse e io tornai al giornale. Ma mi sentivo osservata. E infatti. girò il capo e sollevò ambedue le palpebre. Mi guardava.

«Hai qualcosa da dirmi, mi pare» esordì tutto a un tratto. «Parla.»

Aveva colpito nel segno: ero stata invitata a cena da un uomo che mi piaceva molto ma sul quale avevo delle riserve. Le spiegai la situazione senza trascurare nessun dettaglio. Lei ascoltava silenziosa, registrava, analizzava, metteva a fuoco come una macchina fotografica. Mi chiedeva di ripetere, poneva domande, poi mi invitava a proseguire. Faceva come quando aveva portato Silvana Mangano al MoMa di New York e l'aveva seguita scattando una foto dopo l'altra. Quando ritenne di aver finito mi chiese di punto in bianco, come fosse l'ultimo scatto: «*Is he worthy of you?*», "È degno di te?".

La domanda mi spiazzò. La verità è che non ne avevo proprio idea: non me lo ero mai chiesto.

Mi fece una ramanzina. «È la domanda che devi porti con chiunque tu abbia a che fare: se è degno di te. *Lui.* Non chiederti mai il contrario, se tu sei degna di lui. Mai. Se un uomo è degno di te, vale la pena cercare di averlo. Ma non a tutti costi. Mai.»

«E se non lo è» fui così ingenua da domandare, «che faccio?»

«Lo sai benissimo» disse lei severa, e non aggiunse altro.

Da allora ho incoraggiato i miei clienti allo studio legale, uomini e donne, amici o estranei, a farsi quella domanda. Li ho spronati a valutarsi e a rivalutarsi, a creare e a riaffermare se stessi per poter rispondere con totale consapevolezza. È una domanda fondamentale nei rapporti d'amore e risolverebbe gran parte dei drammi causati dalla violenza di coppia, se solo la vittima se la ponesse con lucidità. Vale nei rapporti affettivi ma anche in quelli di amicizia e di lavoro, o in quelli che si creano all'interno dei clan a cui magari apparteniamo senza rendercene conto.

Eve mi ha insegnato a rispettarmi come essere umano, e io mi son portata via una pienezza morale che ancora agisce sotto pelle.

E che dire di Eve? Che è stata una gran donna, prima ancora che una grande fotografa e scrittrice.

Nel blu dipinto di blu

La cuntintizza non riesce a celarsi o a star ferma; si può trattenere per un poco ma poi la si deve condividere, sempre. Lo scontento guarda e sta zitto, livido. Se deve rispondere dice "sì" o "no", ma mai "grazie". Il contento invece parla, se non parla sorride, e se non può sorridere con la bocca sorride con gli occhi, ma un sorriso c'è sempre, è irreprimibile.

La cuntintizza è contagiosa, tra i bambini si trasmette anche senza le parole, bastano sguardi e sorrisi per comunicarla perfettamente.

Un'estate, Patrizia, una mia amica caraibica, venne in Sicilia con il figlio di quattro anni, Benjamin. Lo portammo in uno stabilimento balneare dove i bambini presenti, tutti più grandi di lui, lo guardavano curiosi per via del colore della sua pelle. Lui comunicava con loro a gesti, e finì con l'organizzare un gioco che consisteva nel correre attraverso le file di ombrelloni in un percorso a zig zag, per raggiungere la fontanella dell'acqua: il primo a toccarla era il vincitore. I bambini rifacevano lo stesso giro in continuazione. Se uno sbagliava il percorso, Ben gli indicava a cenni la strada da prendere. La cuntintizza dei suoi meravigliosi occhi aveva contagiato gli altri bambini, i cui sguardi e sorrisi tradivano la stessa gioia.

Dopo innumerevoli giri, i corridoi accaldati si riunirono attorno a me e Ben. Proprio in quel momento dagli altoparlanti dello stabilimento partì la canzone *Nel blu dipinto di blu*. I bambini italiani s'*annacavano* cantando assieme a Modugno, e Ben si univa al coro come se fossero tutti fratelli, a braccia allacciate. Poi ripresero a giocare.

Dopo un po' una bambina venne da me, tutta sudata e visibilmente in ansia. «Scusi, può chiedergli se posso andarmene?» mi domandò. «La nonna mi chiama, glielo spiega?» Tradussi le sue parole per Ben, che disse solennemente: «*She can go*». I due si salutarono abbracciandosi.

La cuntintizza può anche essere amore

La cuntintizza può anche esprimere l'amore fra bambini, che tocca i sensi senza avere nulla di sessuale.

Quando da piccola andavo a Palermo e vedevo i miei cugini, Silvano e io ci acchiappavamo per i lobi delle orecchie e ce li tiravamo ridendo. Gli adulti dovevano dividerci, perché avremmo continuato per ore.

Quando dovevamo lasciarci, finita la vacanza, per non separarci ci legavamo l'un l'altra per le gambe e ci nascondevamo negli armadi di casa, sperando di non essere trovati. Anche quello stare al buio e quell'essere vincolati era gioioso per la speranza che nutrivamo di ottenere quello che volevamo – cosa che non avveniva mai.

Felicità vs cuntintizza

Felicità e infelicità hanno vibrazioni emotive altissime, le più forti che si possano registrare, insieme a quelle prodotte dal dolore fisico o quelle collegate a malattia e morte.

La cuntintizza si manifesta nel registro lieve, e lo stesso accade con la scuntintizza. Sia l'una che l'altra possono tramutarsi in felicità o grande dolore, ambedue intensi, di breve durata – soprattutto la felicità – e quasi incontenibili.

Un giorno Marisa, una mia amica, ricevette una telefonata anonima da una voce femminile che diceva: «Tu credi che tuo marito ti sia fedele, ma lui ama un'altra». Quest'altra era una collega del marito che la mia amica già sospettava fosse in agguato.

Dopo la telefonata, Marisa andò a ripescare tutte le fotografie che la ritraevano con lui nei momenti felici e col pennarello gli pasticciò volto e capelli. A ogni scarabocchio si calmava un po' di più. Nel frattempo aveva ricevuto una telefonata del marito: le comunicava seccamente che stava per partire per un'altra città per un imprevisto impegno di lavoro, e ci sarebbe rimasto almeno per una settimana.

Dopo avere spento il telefonino, Marisa si sentì leggera, pervasa da una grande calma, tanto che si disse: "Se continua così, tra qualche giorno troverò la mia contentezza". E così avvenne: cucinava cibi che al marito non piacevano, usciva con le amiche, faceva le piccole cose che le davano cuntintizza e a cui aveva rinunziato per lui. E saggiamente andò anche da un avvocato divorzista.

Momento di immensa felicità era per me il Natale, ma non per l'albero e nemmeno per i regali.

Io e mia cugina Maria siamo entrambe stonate e da bambine avevamo il divieto di cantare per tutto l'anno, mentre le nostre sorelle minori, che avevano una bella voce, erano canterine graditissime. Mia madre purtroppo faceva parte di quella maggioranza che non voleva ascoltarci. Ma il 24 dicembre si faceva eccezione e ci era sempre consentito cantare nell'ingresso della casa di zio Giovanni, il fratello maggiore di mamma, un bravissimo pianista che per quel giorno subiva la nostra cacofonia.

Purtroppo Maria ha completamente rimosso le nostre cantate della vigilia di Natale, mentre io ne conservo un vivido ricordo. Ma ci vogliamo bene e non ci bisticceremo per così poco. Peccato però che lei non ne abbia memoria, eravamo così felici di poter intonare i canti religiosi!

La cuntintizza può sfociare nella felicità, come avveniva a Natale. La differenza fra cuntintizza e felicità è semplice: chi è contento è sempre conscio di quanto gli è attorno, mentre la felicità deve essere assoluta. La felicità oblitera tutto il resto per brevi momenti, e lo stesso fa il suo contrario, l'infelicità, che in realtà raramente spezza il cuore. Per esempio, la cuntintizza a Natale dava spazio alla golosità, così che aprivamo i regali mentre mangiavamo i dolci della festa. Al contrario, quando cantavamo ed eravamo felici, avevamo la voce rauca ma non volevamo neanche un bicchiere d'acqua perché eravamo interamente dedite al canto.

Cuntintizza vs passione

Da adulta, ho meglio capito quei miti greci in cui per passione (o amore folle) si moriva o si uccidevano altri. Paride rapì Elena e da quel connubio scaturì una guerra lunga dieci anni.

La vergine dell'innocenza

Non c'è bontà nella mitologia classica. L'unica dea che provò a portare la bontà sulla terra fu Astrea, figlia di Zeus e di Temi, dea vergine dell'innocenza e della purezza. Provò a diffonderla, nell'età dell'oro, ma fu costretta a nascondersi nelle campagne, sconvolta dalla crudeltà e dalla miseria umana. Scelse di tornare in cielo e lì cominciò a risplendere nella costellazione della Vergine. Astrea non è insomma sopravvissuta all'età del ferro, "madida di sangue", come dice Ovidio.

Filemone e Bauci

I miti, si sa, sono drastici. Eppure anche dalla fosca morale dell'antichità giungono immagini di tepore e di affetto, come nella storia egualmente tramandata da Ovidio di Filemone e Bauci, coppia felice di anziani che accolgono i viaggiatori, lavano loro i piedi e offrono cibo di campagna. Sono dunque araldi della più umile e squisita ospitalità. Si avverte in quei gesti, in quella cura, un conforto interiore, una pace che per l'appunto sembra rimandare alla nostra cuntintizza.

Fra i viaggiatori di passaggio ci furono anche Ermes e Zeus che, grati, trasformarono i due vecchi prossimi alla morte in una quercia e in un tiglio *avviticchiati* in un solo tronco.

In effetti la cuntintizza non fa male a nessuno, non richiede nulla e si adatta al bene altrui. Tutti vogliono bene a chi è contento.

Scuntintizza vs cattiveria

Allo stesso modo, la scuntintizza è facilmente ribaltabile, pur essendo una brutta cosa. Per esempio, lo scontento non è cattivo, può essere noioso, bilioso, insistente, puzzolente, irritante. L'eterno scontento certo non è da imitare o da incoraggiare, ma fa poco male, anzi, forse non ne fa proprio.

E comunque, scontenti non si nasce, si diventa.

ALTRE PERSONE

Rino

Mi capita di passeggiare a Palermo con Rino, mio collega ai tempi dell'Università: si parla della città, di come va il mondo e magari anche dei fatti nostri. Io, lui ed Elio, un altro compagno, studiavamo insieme e formavamo un terzetto affiatato. Poi a ventun anni io presi marito e andai a vivere con lui a Boston.

Rino e io siamo cresciuti lontani, abbiamo avuto vite diverse, ma non in tutto – Rino era un giudice militare (divenne presidente del Tribunale) e io un avvocato. La vita non è stata facile né per lui né per me, abbiamo avuto i nostri dolori, le nostre perdite. Ma amiamo Palermo, amiamo camminare per la nostra città. Crediamo in Palermo e nella nostra Sicilia, e Rino lo dimostra nei suoi bei libri di storia, mentre io cerco di fare altrettanto nei miei romanzi.

Abbiamo parlato soltanto una volta dei nostri figli malati, è bastato così, una volta soltanto. Sappiamo che quando camminiamo e restiamo in silenzio, il nostro pensiero va a loro. Ed è allora che ci visita una pace profonda, che ci conforta e ci commuove.

Sally Greengross

La conosco da quarant'anni ed è forse la donna che ammiro di più al mondo, fulgido esempio di moglie, madre lavoratrice e benefattrice.

Nel 1971 Sally è stata eletta alla Camera dei Lord per il lavoro di una vita svolto a favore degli anziani. Con il Longevity Centre ha creato una rete mondiale di sostegno per la vecchiaia. Da quando è andata in pensione ha ricevuto una quantità di lauree honoris causa e premi per la sua dedizione e perseveranza.

Ci siamo conosciute quando lei era giudice e io avvocato e ci siamo imbattute l'una nell'altra davanti a un quadro alla Tate Gallery di Londra. Da lì siamo rimaste amiche e anni fa abbiamo scritto insieme un libriccino sulla sessualità degli anziani.

Nelle nostre passeggiate a Hyde Park parliamo del passato, ridiamo del futuro che tuttora ci appassiona, ma siamo consce che alla nostra età non si può più fare quello che si faceva un tempo.

Durante quelle passeggiate ritorniamo agli anni in cui facevamo politica, in cui davvero cercavamo di cambiare il mondo. Lei l'ha effettivamente cambiato con successo, io molto meno.

Paul Tofahrn

Quando vivevo a Dulwich, negli anni Settanta, frequentavo Paul Tofahrn, sindacalista belga morto nel 1979, e sua moglie. Lui era in pensione da segretario generale dell'International Federation of Employees in Public and Civil Services, e la moglie era una socialista che aveva lavorato con Rosa Luxemburg. Erano una coppia felice e affiatata.

Talvolta andavo ad aiutarli in casa, e mi accorsi che dormivano in stanze separate. Ne chiesi il perché alla moglie e lei rispose: «Ci chiamiamo da una stanza all'altra e poi o io vado da lui o lui viene da me». Poi arrossì un poco e disse: «Talvolta sono io che dalla mia stanza vado alla sua e busso alla porta chiedendo: "Mi hai chiamato?"».

«E lui?» domandai io, indiscreta.

«Lui si alza e mi accoglie» rispose lei, arrossendo.

NUOVA INCURSIONE IN CUCINA E NEGLI IMMEDIATI DINTORNI

In cucina da adulta

Crescendo molte cose cambiano, si evolvono e assumono aspetti diversi, e lo stesso accade in cucina. Cambia il modo di cucinare. Col tempo si instaura un legame con gli ingredienti che utilizziamo, si impara a conoscerli, a sceglierli, a trattarli e anche a capirli.

Questo accade quando si sviluppa una certa esperienza sul campo, in questo caso tra i fornelli. È l'esperienza che ti fa capire dall'odore quando una pietanza è cotta e non hai bisogno di tempi misurati. È sempre l'esperienza che ti fa smettere di usare ricette troppo schematiche e ti dà la disinvoltura di cucinare "a occhio" e stabilire il tuo "quanto basta". L'esperienza dilata lo spazio di azione e ti rende libero – proprio così – anche in cucina.

Cucinare è una cura. Quando sono giù di morale o fuori di me dalla rabbia, mi rifugio tra i fornelli. La cucina mi tiene impegnata e mi soddisfa. Assaporo un piatto ultimato, ammiro la bellezza di un dolce decorato: la fatica che viene premiata mi aiuta a sentirmi meglio.

Il modo di cucinare può cambiare nel corso della vita, si può arricchire, può subire nuove contaminazioni, accogliere spunti provenienti da altri Paesi. Non perdere di vista le tradizioni è importante, ma non di meno è stimolante accostarle a tendenze più moderne, alla ricerca di nuovi equilibri. Amo cucinare in modo aperto e dinamico.

La cucina di oggi tende a essere molto ricercata, studiata, e a *volte perde di vista il bello della semplicità. Quando ne parlo con Simonetta c'è un aspetto che tocca parecchio entrambe: la monoporzione, la fregatura della cucina moderna! È come se si determinasse a priori l'appetito di ognuno di noi, impedendoci di scegliere se lasciare quello che non ci piace o avere il bis di quello che abbiamo gradito.*

Una peculiarità della cucina contemporanea è quella di fare porzioni ridotte e già allestite nel piatto, dando così potere a chi serve la pietanza di decidere quanto cibo offrire e come. Sicuramente un affronto per tutte le "buone forchette", che si vedono negata la possibilità di assecondare il proprio desiderio.

Con Simonetta a volte scherziamo sull'impiattamento, da lei odiato tanto quanto la monoporzione. In memoria della libertà di farsi il proprio piatto si batte contro questa che ritiene una forzatura. «Bisogna restituire a ognuno il diritto di farsi il piatto» mi dice.

Io rido, ma devo ammettere che alla fine mi ha convinta: l'impiattamento è una sfida estetica, il piatto libero non sfida altro che gusto e appetito.

Eco-virtuosa

Gli inglesi hanno una varietà di posate straordinaria, e in particolare cucchiai di diverse forme per usi disparati. Si abbina il cucchiaio puntuto al pompelmo, quello piatto al gelato, quello piccolo e tondo al caffè. Oltre all'aspetto pratico, c'è una sorta di delicata passione nell'abbinare il cucchiaio giusto: dimostra rispetto per il cibo.

Un'altra forma di rispetto, più profonda delle altre, è non buttarlo mai, ma conservarlo e riciclarlo. In questo senso, il freezer ci dà una grossa mano. La mia pattumiera non contiene quasi mai resti alimentari, e sono felice di fare qualcosa di utile per la società evitando il più possibile gli sprechi.

Quel poco cibo da buttare lo raccolgo negli appositi sacchetti da riciclo e lo getto nelle pattumiere per strada. Mi sento eco-virtuosa.

Charity shops

Melina era una sartina che passava mesi a casa nostra, quando abitavamo ad Agrigento. Cuciva vestiti e uniformi per noi bambine e per le donne di servizio, sapeva rivoltare cappotti e tailleur, accorciare pantaloni e fare fodere per i divani del soggiorno. Inoltre era un'abilissima rammendatrice di biancheria. Aveva una mano leggera, e su lenzuola e asciugamani i rammendi sembravano ricami.

Io ereditavo i cappottini di mia cugina Maria, di tre anni più vecchia di me, e i suoi vestiti. Ne ricordo uno di cammello che prima era appartenuto a zia Teresa, la sorella maggiore di mamma. In un primo momento era stato rivoltato, sempre per zia Teresa; poi era stato scucito e rifatto per Maria e finalmente era passato a me: mi sembrava di avere sulle spalle non un semplice cappotto, ma un patrimonio culturale della mia famiglia. Mi sentivo onorata che zia Teresa e Maria l'avessero indossato prima di me. Di Maria portavo anche gli abiti vecchi. Se li strappavo, cosa che avveniva spesso perché mi arrampicavo sugli alberi, venivano rammendati. E allora mi sembravano ancora più di valore.

Tutto l'abbigliamento passava tra generazioni, a eccezione delle scarpe perché, diceva mamma, «i piedi sono fondamentali e devono stare comodi». Indossare quegli abiti mi faceva sentire importante e parte della vita di chi lo aveva fatto prima di me, e spesso quando carezzavo il mio vestito ereditato era come se accarezzassi tutte le proprietarie precedenti e mi sentivo contenta.

Quando andai a vivere all'estero, mi resi conto che mi mancavano i vestiti altrui: da chi li avrei ereditati? A quel punto subentrarono i *charity shops*, negozi di beneficenza dove regolarmente vado a rifare il mio guardaroba.

Grazie a loro ho ricreato il mio mondo di gioventù. Non ci sono più mia madre, le zie e la cugina che mi danno vestiti vecchi, ma ci sono altre donne sconosciute che mi passano i loro abiti, scarpe, cappotti, libri, bicchieri, piatti, bigiotteria.

Mi attirano in particolare le cose rammendate o riparate. La caffettiera d'argento comprata al *charity shop* ha un manico di metallo visibilmente posticcio: l'originale era probabilmente di osso nero. E penso spesso all'ingegno del vecchio proprietario della caffettiera che ha sostituito con un manico di metallo, più modesto quello preesistente. Ciò rende l'oggetto ancora più prezioso ai miei occhi.

Senza dubbio, frequentare i *charity shops* aiuta a conoscere meglio il mondo inglese. C'è qualcosa in quei luoghi che mi avvicina alla mentalità del popolo britannico, a quella predisposizione naturale a evitare ogni spreco, valorizzando cose che magari sono state compagne di una lunga e amorosa consuetudine, o appartenute ai vecchi genitori.

La crema gialla, la "regina"

*Sono nella cucina della nostra casa di campagna a San Basilio.
È inverno e fuori fa freddo, e la memoria torna a una ricetta legata alla mia infanzia e a quella che un tempo si chiamava "l'ora
della merenda", quel momento del pomeriggio in cui vien voglia
di qualcosa di caldo, che sia dolce e confortante al tempo stesso.*

*La "crema gialla" è tra i dolci più buoni che abbia mai assaggia-
to: "la regina delle creme", non potrei darne definizione migliore.
È la qualità dei pochi ingredienti che la compongono a fare la differenza: usare uova fresche e latte appena munto la rende sublime.*

*Ho imparato presto a prepararla, insieme alla pasta frolla è sta-
ta tra i primi dolci in cui mi sono cimentata. Assaggiarla mi ri-
porta tuttora a quei tempi d'infanzia campagnola, quando d'inverno, facendo buio presto, si stava tutti in casa e si cucinavano
dolci. Sulla regina delle creme eravamo sempre tutti d'accordo.*

*La cucina di campagna è sui toni del bluette e del bianco, con
mattonelle a fiorellini. Al centro campeggia un grande tavolo di
marmo con intorno sedie di legno dipinte di bianco, e lungo le
pareti armadi pieni di utensili di vecchia data riposti insieme a
quelli più nuovi e moderni, collezionati da papà negli anni. Un
ambiente rustico che per primo è ragione di piacere e conforto.*

*All'epoca, dalla cucina si passava al salotto, davanti al cami-
no acceso, e quello era il posto più adatto per godersi la crema in
tazze bollenti e profumate. Ce ne stavamo lì tutti insieme, al cal-*

do, comodamente accucciati, lo sguardo puntato sulla fiamma ipnotica dei tizzoni di legno. In lontananza, oltre i vetri appannati della finestra, si sentiva solo l'abbaiare dei cani nel buio dell'aperta campagna.

La crema gialla è fatta di pochi ed essenziali ingredienti: latte intero, tuorli d'uovo, zucchero e farina. Si prepara in parte a freddo e in parte sul fuoco, mescolando di continuo per evitare la formazione di grumi: se ben riuscita, è liscia e lucida.

Deve risultare consistente ma mai solida, dolce ma non troppo, soffice e delicata. Il suo massimo lo esprime quando le si grattugia sopra la scorza di un limone appena raccolto e non troppo maturo (se verde ancora meglio), mescolando a fuoco spento. L'aroma che sprigiona quando la scorza si amalgama con gli altri ingredienti è sublime.

La crema non si consuma mai in un piattino ma, essendo piuttosto liquida quando è calda, il primo assaggio deve essere in una tazzina di caffè. A mano a mano che si fredda il profumo si attenua fino quasi a scomparire, con mio grande dispiacere.

La crema gialla è alla base della pasticceria: quella mignon, come pasticcini e bignè, ma anche torte e crostate.

In tazza, appena fatta, lasciatemelo dire, non teme alcun rivale, nemmeno d'alta pasticceria.

Cannameli

La maggior parte delle famiglie di agricoltori siciliani passava le vacanze estive nelle proprie campagne. Da anni sentivo parlare mio nonno e i cugini di mio padre di Cannameli, una campagna dove andavano in vacanza gli Agnello, gli otto figli maschi tutti con le rispettive famiglie. Durante la guerra, gli Americani ne avevano preso possesso e la casa era stata quasi distrutta.

Io non c'ero mai stata, ma un giorno papà decise di passare da Cannameli. La stradella era accidentata e in lontananza si intuiva il percorso di un torrente, segnato da un canneto. Da lì veniva il nome: *cannameli* era la canna da zucchero importata dagli Arabi quando arrivarono in Sicilia nell'VIII secolo. Dall'isola lo zucchero veniva esportato in tutta l'Europa.

Mi piacque quel pellegrinaggio al luogo in cui i miei antenati passavano l'estate, ma fu molto triste vedere gli edifici abbandonati. Poi però papà cominciò a raccontare storie di quando era piccolo; alcune erano divertenti e mi sembrava come se tutto a un tratto quei personaggi, morti ma vivi nel nostro ricordo, fossero pronti a riaffiorare tra le canne.

Succhiare la carruba

È raro che in campagna rimanga qualcosa da cogliere qua e là, perché i campi sono tutti destinati a produrre alimenti per la tavola dei proprietari della terra. Ci sono però degli alberi – solitari, a volte sulla linea di confine tra due campi, altre volte lungo le *trazzere* – che danno frutti: le azzaruole, con le loro meline dalla polpa un po' acida, profumata e gustosa, e i carrubi. Questi sono alberi grandi i cui lunghi baccelli solitamente venivano usati per nutrire il bestiame, ma noi li raccoglievamo, li succhiavamo con un'intensità straordinaria e poi ne sputavamo la fibra.

Avevo nove anni quando a casa venne ospite una parente lontana, una formosa ragazza di quindici anni di cui si innamorò profondamente mio cugino Gaspare, suo coetaneo. Ricordo una scena che ancora oggi per me rappresenta perfettamente la seduzione. Dopo averle offerto delle azzaruole, Gaspare si avvicinò a un grande albero, staccò una carruba dal ramo e gliela porse. La ragazza la succhiava guardando gli altri intorno a sé, poi soffermava lo sguardo in quello di lui. Gaspare finse per un po' di ignorarla, poi si avvicinò a lei. Io li osservavo da lontano, ma non credo abbiano scambiato parole. Lei gli passò la carruba e lui la succhiò. Rimasero a distanza, poi ritornarono ai loro posti nel gruppo, ma ogni tanto si guardavano. Dovetti distogliere i miei occhi da loro: ero innamorata follemente del mio bel cugino e vederli così era intenso e doloroso.

Adesso capisco che quella è stata la prima volta che mi sono eccitata, e mi ha dato piacere nonostante la delusione.

Much of a muchness

Fino a quando andai a vivere in Zambia, nel 1968, sulla mia tavola si mangiava il cibo stagionale e del luogo. In estate, imperavano i pomodori, che finivano in tavola ogni giorno, in insalata e nel sugo per gli spaghetti.

Dall'autunno alla primavera, invece, la salsa al pomodoro, conservata in barattoli di vetro, era una leccornia e una rarità. Si usava per lo più la conserva preparata a fine estate facendola bollire nelle bottiglie perché durasse tutto l'inverno. Quella salsa era liscia e secondo me sapeva di vecchio. Preferivo di gran lunga quella estiva.

In inverno si mangiavano minestre a base di legumi secchi – fagioli, ceci e lenticchie – arricchiti da cavolo, *accia* freschi, assieme agli onnipresenti cipolla e aglio.

Oggi a tavola non si mangia più secondo le stagioni, nei supermercati e sulle bancarelle dei mercatini si trova sempre tutto. La monotonia della nostra cucina mi sgomenta. Non c'è desiderio che non sia esaudibile, mentre invece è bello non mangiare sempre lo stesso cibo e cambiare i menu. È come se i prodotti di serra spremessero alla natura quel che la natura non può dare secondo i suoi ritmi. *Much of a muchness*, il troppo è troppo.

E quando non vengono dalle serre sono importati da posti lontanissimi. Non pensiamo che le risorse per produrli e trasportarli sono costose, e in questo modo danneggiamo il pianeta.

Il riposto

Nella casa di Agrigento si entrava nel riposto e si sentiva l'odore dell'olio d'oliva appena spremuto, denso, pesante, inebriante. Poi si coglieva quello dell'aceto fatto in casa, a volte un po' rancido, che sembrava quasi bilanciare con la propria acidità l'untuosità sensuale dell'olio.

Lì c'erano anche le cotognate, messe ad asciugare durante l'inverno. La cotogna è un frutto stranissimo perché non si può gustare crudo – è *allappusa* – ma soltanto cotto. E le amarene sciroppate, dal profumo straordinario. Le amarene erano importantissime perché usate per fare le crostate e i pasticciotti di pasta frolla delle monache, oltre che per decorare le cassate.

Poi c'erano le pezze di formaggio pecorino dalla campagna, quelle col pepe e quelle senza.

Non mi disturbava mai quell'accozzaglia di profumi diversi. Mi sentivo come se fossi dentro una carta geografica, perché i prodotti venivano da altre campagne di parenti: cotogne di San Basilio, nella zona orientale, amarene di Ribera, formaggio di Cammarata, mentre della nostra campagna di Mosè c'erano le olive sott'olio, in salamoia e i *passuluna*, ovvero le olive nere cadute, lucide, asciutte ma non troppo, che si usavano per preparare il pane. Il miele veniva dalle arnie di Canicattì e così anche i pistacchi, che però noi avevamo a Mosè, per usanza di famiglia. Le mandorle crescono dovunque in Sicilia e le nostre erano molto buone.

In famiglia si condivideva tutto il cibo da conservare, ed era bello sapere in anticipo che sarebbe arrivato un impiegato di uno zio – o lo zio stesso – a portare i prodotti della sua campagna. Si faceva spazio nel riposto, si rassettava e finalmente arrivavano i cesti o le cassette o i bidoni regalati dai parenti. Oggi non ci sono più i riposti profumati.

Quando veniva da noi nonna Benedetta, la mia nonna paterna, le piaceva cucinare e trascorreva molto tempo in cucina, ma non si fidava delle cameriere. Mamma apriva il riposto ogni mattina e poi nel pomeriggio si faceva portare le chiavi dopo che la cuoca lo aveva chiuso. Nonna invece lo apriva e si teneva le chiavi, per poi andare a chiuderlo lei stessa, offendendo le cameriere. Quando era il momento di sedersi a tavola, diceva alla cameriera: «Chiudi il riposto e portami le chiavi». La cameriera ci buttava un gatto dentro, poi tornava da lei: «Voscenza m'ha a perdonare, *ci trasiu u gattu*, sta mangiando *u caciu*. O mi dà le chiavi o deve venire ad aprire». Immancabilmente nonna si alzava, andava a liberare il gatto e poi richiudeva.

Io ero combattuta: da un lato sapevo di non dover ridere della nonna, dall'altro sapevo che mia madre era nel giusto e per questo le cameriere la rispettavano, e dall'altro mi dispiaceva per il gatto. Un grande dilemma irrisolto.

Il lampadario *perciato*

In sala da pranzo nella casa di Palermo c'è un grande lampadario di Murano. Si racconta che subì una sensibile alterazione rispetto alla sua originaria struttura settecentesca. Ma, va detto subito, quella alterazione fu operata per una giusta causa: fare luce sui pranzi di famiglia. L'autore fu il nonno, che io non conobbi mai perché morì un anno prima che io nascessi.

Nonno Giuseppe (che tutti chiamavano Peppino), padre di mio padre e di cui mio fratello porta il nome, era un uomo speciale: lo stimavano tutti e con tutti si mostrava attento e generoso. Ma era soprattutto un uomo moderno e ingegnoso. Si racconta che fu il primo in tutta la famiglia (e quando dico "famiglia" intendo una compagine di parenti così estesa da svuotare di senso la definizione molto attuale di "famiglia allargata") a possedere un trapano elettrico, al tempo un aggeggio parecchio d'avanguardia. Non perdeva occasione di offrire il suo intervento per appendere quadri e specchi su qualsiasi parete libera gli si prospettasse davanti, ed era molto richiesto in famiglia e da amici. Invecchiando, la miopia avanzò, cosicché i quadri non erano sempre perfettamente dritti, ma tutti gliene erano grati lo stesso e nessuno se ne lamentò mai.

Ma torniamo a Murano, e a quello splendido lampadario che portava in sé tutte le virtù dell'arte veneta del vetro. Per lo più i lampadari dei palazzi antichi del tempo si chiudevano con un fiore singolo di cristallo che pendeva dalla coppa, dalla quale partivano i rami che reggevano le luci, dodici nel primo girone, alla

223

base, sei nel secondo girone posizionato appena sopra. La luce originariamente proveniva da candele, dunque era diretta verso l'alto. Quando arrivò l'illuminazione elettrica il nonno programmò e realizzò con le proprie mani l'intero impianto dei lampadari: su tutti i rami di vetro di Murano sostituì le candele con le lampadine. Purtroppo però la luce non cadeva diretta sulla tavola, come invece avveniva con i lampadari moderni, dotati di una lampadina rivolta verso il basso. L'ingegno del nonno non tardò a trovare la soluzione: sostituì il fiore finale del lampadario con un altro fiore di Murano, perciato con abilità dal fido trapano, in modo da farvi passare il filo elettrico di una grossa lampadina pendente. A quel punto la tavola sarebbe stata ben illuminata, finalmente.

Nonostante la luce (come quadri e specchi) cadesse leggermente storta, tutto sommato faceva comunque il suo dovere: rischiarare la tavola imbandita. I commensali vedevano cosa c'era nel piatto e soprattutto potevano guardarsi in faccia l'uno con l'altro con soddisfazione. Da allora il fiore perciato del nonno è rimasto là, e ci resterà ancora per chissà quanto.

Ne siamo tutti molto fieri. Questo lampadario del Settecento, l'unico al quale è stata apportata la celebre modifica, è rimasto nella sala da pranzo utilizzata per le grandi occasioni: pranzi di famiglia, ricorrenze, ospiti di riguardo. Le pareti della sala sono dipinte di un color verde-acqua e su una di queste sono appesi i piatti di un servizio di porcellana decorati con roselline rosa e bordati d'oro. Non so se il nonno si fosse impegnato nella disposizione dei piatti, ma qualcosa mi lascia intendere di sì. Sono perfettamente simmetrici.

Mi sono sempre chiesta perché si appendano i piatti al muro. Ho scoperto che era una moda domestica risalente al dopoguerra e ora non è più tanto in auge, ma in quella casa quadri, piatti e lampadari sono ancora lì a misurare il tempo e le tradizioni della nostra famiglia.

Già, la famiglia. Il pranzo è sempre stato un avvenimento in casa nostra, ed è forse per questa ragione che era vissuta con così tanta apprensione la mancanza di luce. "Ogni cosa è illuminata" dice Jonathan Safran Foer, e io aggiungo che deve essere illuminato ogni dettaglio di una tavola che si rispetti, conzata come si deve. Fra piatti, bicchieri e tovaglia ci deve essere una delicata armonia.

Anche quando siamo solo noi quattro – mamma, papà, io e mio fratello – godiamo di quell'ordine e di quell'equilibrio. I gesti si ripetono, i colori assecondano questa precisione, i cibi vengono serviti con garbo, e la nostra vita prosegue all'insegna di uno scrupoloso decoro. Decoro che viene mantenuto, a maggior ragione, quando ci sono ospiti. In questo caso si seguono le regole dell'ospitalità, in modo che la convivialità si distenda in partecipazione, in condivisione, in cuntintizza.

Apparecchiare è una cosa bella e avvincente, perché la tavola è teatro antico e umile allo stesso tempo di una messa in scena meravigliosa. Dalla tovaglia alle stoviglie, tutto parla di consuetudini. E allora mi viene in mente che nonna Teresa amava ricamare e che tuttora usiamo le sue tovaglie. Mi sono tanto care quelle tovaglie ricamate alla perfezione, soprattutto considerato che io non ho appreso quell'arte, così come non ho imparato a lavorare all'uncinetto. Mi sarebbe piaciuto farlo ed essere brava come tutte le donne di famiglia.

C'è un grande sapere nascosto in quei disegni impeccabili, in quel dispiegarsi di tessuti sui quali è impresso con la sapienza delle dita un trionfo di immagini (fiori, foglie, frasche) che vengono da lontanissimo.

A me, devo ammetterlo, piace molto anche la tavola minimalista, ma ho sempre un occhio per il dettaglio: tutto deve essere solo apparentemente lasciato al caso, creando armonia di colori e di forme. Detesto le tavole confuse e inutilmente affollate. Il centrotavola deve essere presente ma non troppo alto, né invasivo: deve consentire ai commensali di guardarsi in faccia. Adoro i centrotavola natalizi dai colori caldi e quelli primaverili, delicatamente profumati.

Anche a tavola mi piace pensare di vivere in un mondo che sento mio, ma sotto l'occhio guardingo della lampadina del nonno, che sorride di luce grazie al cristallo perciato di Murano.

225

Palermo è bellissima

Dalle finestre della casa di Agrigento si vedeva il panorama della Valle dei Templi, dove andavo per la passeggiata di rigore. Chiara e io venivamo accompagnate in macchina e lasciate lì con la bambinaia per una o due ore, mentre mio padre o l'autista andavano in campagna, per essere poi recuperate e tornare a casa in tempo per il pranzo.

Scorgere il mare attraverso le colonne dei templi era sempre un'emozione. Sapevo che era da lì che erano arrivati i Greci, e ogni nave che solcava quelle acque e poi piegava verso Porto Empedocle mi faceva pensare alla nave di Ulisse. Conoscevo la sua storia e sapevo che era approdato all'estrema punta della Sicilia occidentale, dove oggi c'è Trapani, ed essendo curioso, era salito sul monte Erice; pensavo che magari una sosta l'avrebbe fatta anche da noi. Accarezzavo la roccia gialla e porosa e guardavo desolata i pezzi di colonne gettati a terra forse da un terremoto, forse dai nemici. Avvertivo il senso del tempo, accompagnato allo stesso modo da bellezza e nostalgia. Poi mi guardavo intorno, vedevo i campi fioriti in primavera e, in estate, i campi di grano, gialli e compatti come un mare di foglie, guardavo il cielo e poi il mare. Ero completamente felice, dimentica di me stessa.

Quella stessa cuntintizza la sentii poi da ragazza, studentessa liceale, camminando con le mie compagne per le strade di Palermo alla ricerca del passato nella città in cui ero nata. Mi colpiva il ponte dell'Ammiraglio, che consiste di dodici arcate di altezza crescente a mano a mano che si procede verso il centro. È stato costruito dai Normanni, gli antenati di mio cugino Silvano. Andavamo poi dietro la cattedrale, dove c'era un piccolo loggiato che era l'unica parte rimasta della casa dei miei antenati pisani, giunti a Palermo nel Quindicesimo secolo. Passando davanti alle facciate barocche delle chiese principali pensavo alle donne della mia famiglia che erano state costrette a diventare monache.

Ho sempre voluto vivere a Palermo, lì c'era il mio passato. Negli ultimi cinquantacinque anni ho vissuto all'estero, ma ogni anno, tornando in città, rifaccio più volte quel percorso per ribadire la mia identità, ogni volta con una cuntintizza che diventa sempre più struggente e salda. Sapere chi si è, da dove si viene e dove si è nati è importante quanto sapere quello che si vuol fare della propria vita. Conosco dei palermitani che rifiutano di tornare a vivere a Palermo, e sicuramente hanno dei buoni motivi. C'è stata e continua a esserci la mafia, la città ora come prima è maltenuta, la *munnizza* è dappertutto, i cantieri stradali sono aperti da decenni, eppure Palermo mi sembra sempre bellissima.

Trovo nei suoi negozietti un'umanità straordinaria: famiglie che hanno vissuto vendendo mobili per generazioni, offrendo cibo di strada ai locali e ai turisti, e poi negozi di abbigliamento dell'anteguerra, negozi di ferramenta, minuscoli caffè e friggitorie dove si compra il famoso "pane e panelle", il cibo tipico di Palermo, importato dai Fenici nell'VIII secolo a.C. e mai dimenticato. Quella è una cuntintizza speciale, perché nutre anima e corpo. Mangio sempre pane e panelle camminando, mi fa sentire un tutt'uno con la mia città.

Palermo ha sempre avuto una fiorente prostituzione. Le ho conosciute, le prostitute di Palermo, quando andavo a Casa Professa, nella città vecchia, e mi avventuravo per le strade da loro frequentate. Erano donne di tutte le età, stavano sedute al balcone o al pianterreno in attesa dei clienti, conservando sempre una propria dignità. Spesso il bordello si nascondeva dietro una sartoria, magari gestita da anziane donne: luoghi di incontri anche galanti dove le prostitute venivano accettate senza battere ciglio. Ci sono sempre stati palermitani che sposavano prostitute o figlie (vergini) di prostitute. In entrambi i casi, come mogli erano unanimemente rispettate.

Quando nel Seicento le prostitute francesi con cui si sollazzavano i Cavalieri di Malta furono mandate via dall'isola su ordine della Chiesa, quelle sbarcarono a Palermo, dove continuarono la loro professione. Ricevevano a casa e offrivano banchetti straordinari grazie ai loro cuochi, i *monsù* (francesi anch'essi), e a loro dobbiamo la ricchezza della cucina palermitana sotto l'influenza di quella francese.

Il mangiare dà cuntintizza a Palermo – dall'antichissimo pane e panelle che da duemilasettecento anni delizia il nostro palato ai gelati portati dagli Arabi, ai dolci di pasta reale, ai biscotti monacali e infine alle delizie ottocentesche delle pasticcerie svizzere e francesi che tutt'ora sono fedeli alle ricette dei loro antenati. Non può che esserci cuntintizza quando si cammina per strada leccando un cono gelato o quando si assaporano le paste di mandorla, i supplì francesi, i krapfen austriaci.

Non ho mai mangiato dolci migliori di quelli di Palermo, che veramente racchiudono le grandi cucine europee e sfruttano i migliori ingredienti del mondo per la ricchezza dei nostri prodotti. Oltre all'orgoglio e a un certo compiacimento, c'è un sentore di benessere, di bonomia tra la gente che frequenta i bar e le pasticcerie. Non ho mai assistito a una lite in una gelateria o una pasticceria, a Palermo.

Visita al Mikvah

Ci sono piccole abitudini casalinghe che passano di generazione in generazione e sembrano unirle. Il bagno nella vasca, ad esempio, è una di queste. Chissà, forse sarà la reminiscenza di tempi passati, di quell'antica usanza mai perduta che congiunge molti attraverso una vasca colma d'acqua. Di solito nelle case di campagna o in quelle di città un po' vecchie e trasandate sono i bagni che mantengono più di altri ambienti il ricordo e le testimonianze del tempo passato.

Papà tende a conservare e ad accantonare nella speranza che tutto trovi una sua utilità in futuro, piuttosto che trovare un impiego nell'immediato. È stata mamma a recuperare la vasca di metallo smaltata bianca con i piedini zoomorfi che papà teneva in garage – gli ricordava il vecchio bagno di casa della sua infanzia. Lei le ha ridato vita trasportandola in terrazza, dove l'ha usata come portavasi.

Nella mia famiglia siamo tutti amanti del bagno in vasca. E in nessun bagno, anche se ristrutturato, è stata mai rimossa in favore di una doccia. Cosa c'è di più bello che immergersi in una vasca colma d'acqua calda e morbida schiuma, alla fine di una giornata intensa e faticosa, quando non si desidera altro che un momento di quiete assoluta in solitudine?

Mi chiedo come si possa preferire stare in piedi sotto la doccia – certamente più pratica, moderna, veloce ed economica – inve-

ce che sdraiarsi comodamente a mollo, tra fumi e profumi di un bagno bollente.

L'acqua calda ha un effetto vasodilatatorio che rilassa e distende, così come il respirare i vapori di oli essenziali come la lavanda. Immersa nell'acqua calda, dove calore e profumo sono un connubio imbattibile, raggiungo la beatitudine. E penso e rifletto. A volte osservo le goccioline di condensa che scendono parallele lungo le mattonelle e sugli specchi, quasi a formare una frangia lucida che spicca rispetto alle altre piastrelle opache: quella è cuntintizza che dura da secoli, antica e moderna al tempo stesso.

Quella del bagno caldo in vasca è un'usanza antica della nostra cultura greco-romana. La trovo irrinunciabile, personalmente non saprei farne a meno.

In tante culture quella del bagno caldo è una consuetudine che supera la sfera dell'igiene personale per divenire un vero e proprio rito.

L'immersione del corpo in un liquido con scopo igienico, terapeutico o rituale ha radici molto profonde nelle culture e nella storia dei popoli, e costituisce un punto di contatto anche tra religioni diverse (nel cristianesimo tutto inizia col bagnare in una vasca il capo del neonato). È bello pensare che culture anche lontane abbiano qualcosa in comune, e che il bagno in vasca sia uno dei punti d'unione.

L'Ofuro è un antico rituale del bagno giapponese praticato ad alte temperature in vasche di legno. Si fa la sera, a fine giornata e dopo essersi lavati corpo e capelli con acqua e sapone. Lo scopo dunque non è la pulizia, ma piuttosto la purificazione e la rimozione di tutto lo stress accumulato durante la giornata. Secondo la tradizione ci si immerge nella stessa acqua in ordine gerarchico: prima gli ospiti, poi gli anziani e a seguire gli altri membri della famiglia.

In tema di bagni usati come riti di purificazione il mio pensiero va al Mikvah ebraico. Un sabato pomeriggio di fine ottobre, in occasione delle Vie dei Tesori, manifestazione culturale che apre le porte di chiese e oratori, palazzi, cripte, conventi, archivi e molti altri luoghi della città normalmente non visitabili, durante una delle nostre consuete e lunghe passeggiate per il centro di Palermo, Simonetta e io decidemmo di andare a visitarne uno. Girare a piedi è una cosa che piace molto a entrambe, inoltre siamo coordinate su un passo veloce, amiamo osservare, prendere spunti e conversare.

In quell'occasione si diceva proprio di come a tutte e due piacesse fare il bagno nella vasca, e del significato che il gesto ha in diverse culture. Simonetta è affascinata dalla cultura ebraica e così, in quel girovagare, mi guardò e mi propose: «Che ne pensi di andare a visitare il Mikvah?».

Così, attraversando vie e viuzze del centro storico, ci ritrovammo nella piazza che sta davanti a Casa Professa. Nella cavità ipogea di un chiostro interno al quale si accede da un palazzo confinante, Palazzo Marchesi, è stato scoperto un antico bagno ebraico femminile.

Emozionate e impazienti come due adolescenti in fila per un concerto, stavamo lì fuori, nell'attesa di entrare e scoprire cosa la Palermo sotterranea aveva in serbo per noi: non avevamo mai visto un bagno ebraico prima di allora. Vederlo dal vivo era di sicuro un privilegio. Era un'occasione imperdibile.

Mentre aspettavamo, osservavamo le facce di chi usciva avendolo già visitato, cercando di captare un commento, una parola o un sorriso, qualcosa che potesse lasciarci intendere come fosse. Ci serviva giusto una piccola anticipazione che tenesse a bada la curiosità.

Poi arrivò finalmente il nostro turno. Ordinatamente, in gruppi di quattro persone, scendemmo da una stretta rampa di scale, buia ma breve, che ci portò in un piccolo ambiente, forse uno spogliatoio, e poi, fatto qualche altro scalino, entrammo nella cavità sotterranea che ospitava una vasca piena d'acqua limpida. La guida spiegò che ad alimentarla era ancora il Kemonia, uno dei due fiumi della Palermo fenicia.

In quella cavità ricavata nella pietra, nel silenzio religioso, pro-

prio lì davanti ai nostri occhi si mostrava uno scenario toccante: quell'acqua tersa e pura, perché proveniente da una sorgente naturale, era così vicina a noi da poterla toccare. Respiravo l'aria umida che odorava di terra, di quella pietra costantemente bagnata.

Sentivo qualcosa di mistico e misterioso, molto coinvolgente. Il mio sguardo e quello di Simonetta si incrociarono per un attimo, come a sottolineare una commozione condivisa. Quando la guida ci fece segno di uscire, in religioso silenzio gettammo l'ultimo sguardo al Mikvah prima di risalire. Mi sentivo purificata. Come le donne ebree che lì si bagnavano.

Il Mikvah nella religione ebraica serve a purificare il corpo femminile a seguito del ciclo mestruale, dopo il parto e per preparare una sposa al matrimonio. L'acqua che riempie la vasca deve per forza provenire da una fonte naturale, da una falda acquifera, e secondo la tradizione tra la donna e l'acqua di immersione non devono esserci barriere; vanno dunque rimossi vestiti, gioielli, trucco.

Il bagno, estrapolato da qualunque contesto socio-culturale, resta ed è un momento di speciale intimità, di cura e di amore per se stessi e verso il proprio corpo, ma anche un'occasione di grande riflessione.

Nel chiostro di Casa Professa

La presenza ebraica in Sicilia risale al primo millennio. Meglio educati della popolazione originaria, il Popolo del Libro aveva una marcia in più del siciliano indigeno medio e dei dominatori del periodo. Per via del livello di istruzione e delle capacità lavorative era frequente che fossero assegnati loro ruoli di riguardo da parte dei governanti locali.

Le persecuzioni di Ferdinando il Cattolico si conclusero con la loro espulsione decretata il 12 settembre del 1492 e portata a compimento nei successivi dodici mesi; l'anno seguente può essere definito l'*annus horribilis* per gli ebrei siciliani, quello in cui una fiorente comunità si trovò per regio decreto sconfessata nella sua sicilianità. L'editto sancì la diaspora degli ebrei da una terra che consideravano "promessa", un episodio spesso dimenticato da più.

Nei periodi di maggiore aggressività nei loro confronti, i membri rimasti della comunità ebraica si rifugiarono letteralmente sottoterra, in nascondigli ricavati nelle proprie abitazioni e in grotte. Alcuni continuarono a esercitare con cautela le proprie professioni, soprattutto i medici e gli impiegati dell'amministrazione pubblica e privata. Spesso, per poterlo fare, avevano dovuto rinnegare la propria religione a favore del cristianesimo: una "conversione" voluta dagli ebrei stessi ma soprattutto imposta da quelle istituzioni il cui funzionamento dipendeva dal lavoro di dirigenti e impiegati giudei.

I Giudice, la famiglia di mia madre, erano emigrati alla fine del Settecento da Genova, dove esercitavano la professione di medico. In seguito comprarono terreni agricoli e un paio di miniere di zolfo. Divennero ricchi, mantenendo un grande rigore intellettuale e artistico. Mi risulta che la loro collezione di reperti greci fosse nota fino al British Museum.

Sono quasi certa che fossero ebrei, poi convertiti al cattolicesimo. Da un esame che ho fatto pare che io abbia nelle vene sangue ebraico, ma potrebbe venire anche dal ramo Agnello. Anche se in nessuna delle due famiglie si è mai parlato di questo argomento, rimango con la speranza che quell'esame attesti il vero: ne sarei fierissima.

So che Palermo aveva una fiorente comunità ebraica, ma non avevo mai visto un luogo che potesse definirsi come casa ebraica. Ne sono rimaste tracce in alcuni toponimi, come nel caso della Discesa dei Giudici (da giudei), ma poca cosa. Sulle donne ebraiche, nulla.

Il lodevole progetto Vie dei Tesori mi ha offerto l'opportunità di visitare la Mikvah, il bagno ebraico femminile. Si trova proprio nel centro del chiostro della Casa Professa a Ballarò, nel cuore di Palermo, che da giovanetta avevo frequentato assiduamente senza sapere dell'esistenza di quel luogo. Quel giorno ero con Costanza, ma mi sentivo sola di fronte alla responsabilità che avvertivo per il trattamento che gli ebrei avevano subito da parte del popolo siciliano, a cui appartengo, e per giunta nella mia città.

I bagni erano sotterranei, di proposito. Dalle amiche ebree americane ho imparato tanto sul rito dei bagni, e ho appreso il significato profondo di un atto di pulizia in un luogo che rinsalda la sorellanza tra donne.

Scendevo quei gradini e mi sentivo sola, diversa dagli altri. Ero ritornata ebrea, o almeno lo desideravo fortemente. Quell'acqua – l'acqua chiara e dolce del Kemonia – purificava e fortificava le madri, consce che le truppe regie avrebbero catturato, tormentato e stuprato i loro figli, maschi e femmine; quelle donne mantenevano la loro fede e la purezza dell'animo, una purezza salda, atavica, che le acque in cui si immergevano avrebbero rinsaldato.

Che un convento fosse stato costruito sul luogo di purificazione delle donne ebree non mi sembrava casuale, ma la traduzione evidente della crudeltà del cristianesimo e della sua volontà di umiliare e distruggere ancora una volta il popolo da cui era nato Yeshu'a. Me ne vergognavo. Soffrivo.

Tenni gli occhi socchiusi, scendendo, la mano sinistra che brancolava nella semioscurità, tastando le pareti. Non tollerando neppure il poco che vedevo, chiusi determinata le palpebre. Volevo essere sola con me stessa.

In quel buio, immaginavo quelle donne fatte di aria e luce scendere le scale di pietra e superarmi. Biancovestite, scivolavano sugli scalini una dopo l'altra in perfetta fila, cantando. Le pensavo come la mia amica americana Myriam, professoressa universitaria, che prima della cerimonia nuziale e del taglio rituale dei capelli s'era immersa nelle acque del Mikvah di Boston. Una donna aperta, intelligente, serena, generosa, fedele alla propria religione. La vedevo, la mia Myriam, donna moderna e antica insieme, ebrea ortodossa eppure amica di una cattolica siciliana, e piangevo nel cuore un *mea culpa* dinanzi alle acque del Kemonia.

LUOGHI INNAMORATI, VETRI INNAMORATI

Le basole di Palermo

Sto sempre in ascolto di quella strana lingua segreta che parlano i luoghi dove il tempo ha agito senza intralci. È come se ciò che è passato e nascosto diventasse racconto, storia.

Sento un richiamo molto forte per il centro storico di Palermo, per la "Palermo vecchia". Passeggiare per i vicoli fascinosamente trasandati, decadenti, magici e respirarli a pieno mi provoca un brivido che scende lungo tutto il corpo. Lì il tempo sembra a tratti essersi fermato, o meglio pare fermarsi ogni tanto per poi riprendere il suo normale corso, oscillando tra passato e presente.

Ho sempre avuto l'impressione di appartenere a quella Palermo e che quella Palermo appartenesse a me. Di questa sensazione, che mi completa, mi sono sempre domandata il perché, e chissà, forse in un'altra vita sono nata, vissuta e cresciuta proprio in quei vicoli, tra quelle botteghe di artigiani, tra le chiese che levano le loro ricchissime facciate. E mi piace pensare che chissà quante volte le mie scarpe hanno battuto sulle basole di quei pavimenti. Mi piace credere che sia così. Persino le "puzze" della Palermo vecchia mi piacciono, ribadiscono il fascino decadente del vissuto.

Una delle cose più affascinanti del centro storico sono i mercati, che in genere, mescolando sacro e profano, sono vicino a una chiesa: il loro è un caos che racconta la storia di una città. In mezzo al frastuono di quelle bancarelle si sente abbanniare*: "Pesce!*

Frutta! Verdura! Spezie!". Nei mercati di Palermo si grida, si canta, si declamano rime, si ammaliano i passanti.

Passeggiare per il centro storico ne conferma la mia appartenenza. In verità un legame reale della mia famiglia con la Palermo antica c'è: Palazzo Comitini, oggi Palazzo della Provincia. Fu mio nonno, che lo ereditò da ragazzo e non vi visse mai, a venderlo. È un piacere per me sapere che un palazzo di tale mole e bellezza appartenga oggi a un ente pubblico e che quindi sia fruibile e a disposizione del cittadino, mantenendo comunque il nostro nome.

Mio nonno lasciò lì dentro tutti i mobili tranne i lampadari settecenteschi di Murano, ai quali era particolarmente legato e che portò con sé al momento della vendita. Tutto il resto fu donato alla Provincia, ma purtroppo ne è rimasta solo una pallida traccia.

La statale 115

Vivere in un'isola dà una grande certezza: conosco i miei confini. Dà anche insicurezza, perché gente di fuori può arrivare e approdare ovunque sulla costa. Un tempo, raccontava papà, l'imperatore Carlo V aveva fatto costruire delle torri sul lungomare: se c'era un pericolo, accendevano un fuoco sul piano superiore che le altre torri di vedetta avrebbero visto e ripetuto, formando una catena di segnali d'allarme. Così i nemici si sarebbero ricreduti e avrebbero fatto marcia indietro. Non ci pensavo a questa vulnerabilità, da piccola, perché la Sicilia faceva parte dell'Italia e nessuno veniva da fuori, via mare. Ero contenta e sicura.

Di recente la costa siciliana, soprattutto quella del sud, è diventata l'approdo di migliaia di emigranti dal Medio Oriente e dall'Africa. Un vero e proprio esodo. Purtroppo, come sappiamo, questi migranti non sono ben accolti, cosa di cui ha grande responsabilità anche il governo italiano. Me ne addoloro, ne capisco anche le ragioni, ma non lo giustifico. Noi italiani, e noi siciliani in particolare, siamo emigrati in America fin dalla metà dell'Ottocento, e poi nel dopoguerra nel resto dell'Europa, e siamo stati accolti ovunque. Perché dobbiamo trattare diversamente questi rifugiati che vogliono lavorare e guadagnarsi il pane insieme a noi?

Il mare è diventato penoso, portatore di dolore, non più

di gente speranzosa e certa di essere benvoluta. Guardare il mare non dà più gioia, serenità e cuntintizza, ma ansia, anche quando non c'è nessuna imbarcazione in vista. Mi chiedo quanta gente è morta nella sua fiduciosa traversata o quante persone sono state uccise dai trasportatori stessi, buttate a mare dopo che erano state estorte loro cifre considerevoli per pagare il passaggio. Mi rattrista legare questi sentimenti al mare Mediterraneo, che per tutta la mia vita è stato un mare felice, un mare che mi ha sempre affascinata e mi ha dato identità e cuntintizza.

Di recente, dunque, ho cercato la cuntintizza nella terra e nel cielo aperto. Attraversare la Sicilia da Agrigento a Palermo seguendo la statale 115 è come fare un viaggio su un mare senz'acqua, soprattutto quando il grano è maturo. I Romani chiamavano questa terra "il granaio della Repubblica". Oggi altre colture hanno soppiantato i latifondi, ma restano ovunque campi di grano. In primavera sono tutti di un verde acceso e si piegano flessuosi al vento. In estate diventano dorati, le spighe sono lunghe e si alzano con superbia: sanno che i loro grani daranno pane, e di pane si nutre il siciliano.

Le ferrovie dello Stato uniscono Palermo ad Agrigento e seguono in gran parte la strada statale. Dal treno che attraversa i campi ho la sensazione di volare accompagnata dalle messi, noto gli uccelli nel cielo che a volte si abbassano quasi a sfiorare le spighe, e vedo in lontananza le casette dei guardiani dei campi – il frumento deve essere protetto e i ladri tenuti alla larga. Giallo, blu e verde: quasi un quadro, come quelli di Piero Guccione, il grande pittore siciliano che ha saputo dare un animo al mare e ai campi di grano della sua isola.

La mia isola

Primo movimento

A volte si avverte il bisogno di mollare tutto e fuggire in un porto sereno, dove siamo noi a stabilire cosa può entrare e cosa invece deve restare fuori. Questo può rimanere solo un'idea astratta in cui è comunque bello cullarsi, oppure il desiderio può farsi concreto.

Che cos'è un'isola?

Quando mi allontano dalla terraferma è come se abbandonassi tutti i pensieri, o almeno quelli che ammorbano la frenetica routine, portando con me solo quelli buoni e piacevoli. Gli altri li lascio sulla banchina del porto, e li vedo farsi piccoli piccoli. La scia dell'aliscafo mi dice che mi sto allontanando. E mi basta. Mi sembra di dare valore al tempo "buono" e annullare tanta parte di quello "cattivo".

Davanti al mare immenso e maestoso, che sia grosso e agitato o calmo e immobile come una tavola, provo un senso di serenità e di completezza. Sono poche le cose che su di me hanno lo stesso potere. Mi appaga osservarne il movimento costante e ritmato. Starei lì seduta in pizzo a uno scoglio per ore, a contemplarlo in silenzio. Anche in inverno. Mi piace immergere i piedi nell'acqua gelida e salata, mi piace sentirla salire lungo le gambe, mi piace muovervi i piedi dentro, leggeri. E leggero, dentro l'acqua, diventa tutto.

Il carattere del mare è mutevole: si arrabbia, fa scruscio, *si*

243

sfoga come una furia, e quando tutto sembra perso si aggiusta, si calma, si quieta.

Non c'è cosa più affascinante del mare d'inverno, che è tutt'altro che spensierato, quanto piuttosto malinconico e riflessivo. Mi ci rispecchio.

Affacciata all'oblò, in mezzo a quella massa d'acqua che pare non avere una fine, all'improvviso, quasi fossi un marinaio d'altri tempi, avvisto qualcosa all'orizzonte: terra! La mia isola.

Credo che ogni persona che ami il mare come lo amo io debba trovare la "sua" isola, il suo posto felice staccato (non per forza geograficamente) da tutto il resto.

La mia isola è Favignana. Mi basta sbirciarne la costa, il colore giallo paglierino del tufo attraverso il vetro sporco di acqua salata per sentirmi meglio. Non ho ancora toccato terra e sulla passerella dell'aliscafo sento già la forza di un abbraccio avvolgente, la mano familiare che si tende e mi dà il suo benvenuto.

Sento la carezza dell'aria. Esattamente come in quel tardo pomeriggio di settembre di alcuni anni fa, agli sgoccioli delle mie vacanze estive. Le giornate iniziavano ad accorciarsi e i tramonti ad assumere quel colore che difficilmente ti togli dagli occhi. Ero insieme al mio fidanzato del tempo e nel tragitto dal porto a casa mia – un monolocale al piano terra con la sua unica finestra affacciata sul mare – il cielo d'un tratto si tinse di rosa intenso, con sfumature di arancio e qualche striatura di glicine: una tavolozza riflessa sul mare che faceva da specchio. Fu lì che "fermai l'immagine".

Credo di non aver mai visto nulla di così accattivante. Ricordo quell'istante alla perfezione, il fiato mozzato dall'emozione, mentre col motorino procedevamo sul lungomare che guarda Levanzo, isoletta di fronte a Favignana. Attoniti, in un silenzio quasi religioso che accompagnava la contemplazione di un tale spettacolo della natura. Durò brevi attimi, poi il cielo virò su toni più tenui. Chissà se anche lui provò le stesse cose. Non glielo chiesi mai. Ogni volta che ripenso a quel momento, nella mia testa partono le note di una canzone della Nannini, Aria, per l'appunto.

Favignana è un'isola pianeggiante che si può percorrere tutta intera. Vista dall'alto ha la forma di una farfalla posata sull'acqua ad ali spiegate.

C'è solo un'altura dove si trova un castello che sovrasta e controlla tutta l'isola, dividendola in due parti. Secondo l'interpretazione storiografica locale, il castello di Santa Caterina sorge dove preesisteva una torre di avvistamento costruita dai Saraceni durante la loro dominazione. In effetti la vista da lassù premia la faticosa camminata a piedi per raggiungere la vetta del promontorio, da cui si può godere di uno splendido panorama. A me piace salire in cima nel tardo pomeriggio, prima che il tramonto infiammi tutto di luce tra il rosa e l'arancio.

A Favignana ci si muove in bicicletta, ci si perde nel silenzio delle stradine sterrate, tra finocchietto selvatico e asini, fra vigne e mare dove tira forte il vento. A volte mi ritrovo a respirare forte per far tesoro dell'aria e trattenerla dentro più che posso: che sia riserva di benessere quando sarò lontana, quando il mare, il vento, il sole mi mancheranno.

È su quest'isola che ho riscoperto (forse sarebbe più corretto dire scoperto) il piacere di andare in bicicletta. Pedalo con il vento sul viso, spesso sorridendo al nulla senza neppure rendermene conto, al punto che chi mi incrocia si sente quasi in obbligo di sorridere di rimando. Ora ci faccio caso, ma chissà quante volte era già accaduto.

Da piccola, con la bicicletta ero un po' imbranata (incunnata), sempre più lenta degli altri bambini che schizzavano come frecce. Io cadevo e papà era pronto dietro di me a rimettermi in piedi, anzi in sella; mi dava una spinta e io, contenta e precaria, ripartivo fino alla successiva caduta. Non ero portata e le rotelle di supporto dalla mia bicicletta furono tolte molto tardi. Oggi pedalare mi rende solo felice.

Il mare, così come la cucina, è terapeutico. E io una volta "curata" e rigenerata posso tornare in città.

Secondo movimento

Un'isola è un piccolo cosmo dove si intrecciano pochi ma solidi equilibri, dove le regole non fanno sconti a nessuno, nemmeno a chi è di passaggio o in vacanza. È un nucleo staccato dalla terraferma, non solo geograficamente, un pezzetto di terra avvolto da una massa d'acqua con consuetudini ben precise che chi sceglie di frequentarlo deve in qualche modo rispettare. Ogni isola è una realtà unica, diversa da qualunque altra, perché ogni contesto è differente.

La realtà isolana può sembrare chiusa e ostile verso l'estraneo, ma di fatto non lo è, basta sapersi incastrare nelle trame del macchinario in punta di piedi, senza volerne turbare l'armonia.

Ci sono eventi capaci di smuovere l'universo, eventi così carichi di significato e di spirito dei luoghi che li ospitano da meritare di essere visti almeno una volta. Uno di questi è la paranza.

Mi trovavo sull'"isola a farfalla". Era un pomeriggio di fine estate non troppo caldo e, stimolata dalle voci che non smettevo di raccogliere su quell'avvenimento, decisi che volevo saperne di più, anzi che volevo vedere con i miei occhi. Così cominciai a chiedere agli abitanti dell'isola in cosa consistesse questa paranza che tutti attendevano.

La prima cosa che viene in mente, a quel nome, è l'intramontabile frittura di pesce di piccolo taglio, e quel giorno scoprii che quel piatto prende il nome dalla barca usata per la pesca "a strascico". Merluzzetti, sogliolette, triglie rosse, alici, totani, calamaretti e gamberi.

Il fritto di paranza, tipico del Sud e delle isole in genere, nasce come un piatto povero, preparato con gli scarti della pesca "a strascico". Un tempo era usanza dei pescatori vendere al mercato il pesce più bello e più grande, vanto di una pesca proficua, e tenere per sé i pesci più piccoli, quelli sotto taglia, meno pregiati, meno richiesti e di conseguenza di scarso valore commerciale. I pescatori erano soliti consumarli nelle loro case infarinati e

fritti, caldi caldi. Un piatto povero che a volte veniva imprezio-
sito dalla presenza nobile di totani e gamberi.

La paranza è dunque anche il barchino che col pescato di gior-
nata fa ritorno in porto per vendere il pesce in banchina, momen-
to di un certo rilievo in una giornata isolana.

Quel pomeriggio la mia indagine iniziò interrogando i vec-
chi pescatori del posto, che immaginavo essere i più informati.
«Scusi, sa quando arriva la paranza, oggi?» chiesi al primo che
mi trovai davanti. Lui, con fare scocciato, senza nemmeno alza-
re lo sguardo dalle reti che stava sbrogliando: «Unnu sacciu».
Il secondo a cui mi rivolsi (aveva abbastanza capelli bianchi da
poter conoscere ogni segreto dell'isola) mi liquidò con un «Picchì,
c'è paranza oggi?». A quel punto erano piuttosto chiare le inten-
zioni di depistare quella che probabilmente ai loro occhi appariva
come una turista impicciona. Decisi tuttavia di non demoraliz-
zarmi e, continuando a chiedere in giro, finalmente scoprii che la
paranza c'era e sarebbe approdata al porto di Favignana intor-
no alle 17.30-18!

In prossimità di quell'orario, infatti, la zona del porto iniziò a
popolarsi. Chi fischiettava guardando il cielo, chi osservava l'o-
rizzonte con aria sorniona, chi leggeva un quotidiano appoggia-
to alle barche e chi scambiava due chiacchiere sul tempo con un
passante. Un'apparente calma distratta sembrava scandire quei
minuti che passavano lenti. Ogni tanto però tutti, quasi a caden-
za ciclica, rivolgevano lo sguardo nella stessa direzione. A turba-
re quell'atmosfera sospesa erano solo i turisti, curiosi e rumorosi,
che non riuscivano a nascondere l'entusiasmo per quell'immi-
nente arrivo.

È interessante il modo in cui gli isolani cercano di proteggere
la propria terra, volendola preservare da chi, essendo lì di passag-
gio, potrebbe non trattarla con la cura che merita.

A un tratto all'orizzonte si intravide un puntino che avanzava
lento verso la terraferma, oscillando a destra e sinistra, forse per il
peso del carico o forse, semplicemente, perché in balia delle onde.
A poco a poco prendeva forma, suscitando eccitazione negli impa-

zienti spettatori a terra: era lui, il barchino della paranza, che arrivava lento col suo carico tutto da scoprire. Perché non si sa mai in anticipo quali sorprese il mare abbia riservato per quel giorno.

Finalmente quell'interminabile attesa era finita e il mistero del pescato del giorno stava per essere svelato. Giusto il tempo dell'approdo e di scaricare a terra il frutto di una dura giornata per mare e si era già radunato intorno un capannello di gente. La regola era una e molto pratica: chi era arrivato per primo aveva il diritto di scegliere il pesce più bello. Ecco spiegata tutta quella tensione e quell'adrenalina.

La paranza è un momento di intenso folclore isolano, ma anche di forte aggregazione, che unisce gente diversa (abitanti del luogo, ristoratori, turisti, passanti) accomunata dallo stesso obiettivo: accaparrarsi il pesce migliore, avere il privilegio di scegliere. Un incalzare di voci che si accavallano le une sulle altre per affermare le proprie preferenze sotto la rigida direzione del capo di paranza, che ligio alle regole si batte per far rispettare il turno e le precedenze. Perché anche nella paranza, come in tutte le cose, c'è un certo "buon tono": chi prova a prevaricare sugli altri potrebbe pagare anche perdendo il proprio turno.

Il tutto avviene con adrenalinica competizione che culmina nella conquista: portarsi a casa il pesce che si è scelto.

Bicchieri

Come entriamo in contatto con gli oggetti? È l'uso che ci guida? È l'evidenza delle forme? E dove si incontrano uso e forma?

Ho una vera passione – anzi, forse un'ossessione – per i bicchieri, in particolare coppe e coppette, moderne o antiche che siano, e per i bicchierini da dopo pasto. Ne osservo la trasparenza, passo le dita su quel vetro sottile e resto in attesa di scoprire come rispondono al contenuto. Ogni bevanda ha diritto al posto giusto, a un contenitore adatto, a un abito che la vesta alla perfezione.

Da bambina aprivo le vetrine dei vecchi mobili di casa in cui erano conservati servizi di bicchierini da liquore, i miei preferiti, piccoli e decorati, di cristallo, alcuni con il gambo, altri no.

Perché tanta varietà? Affascinata, mi perdevo in rivoli di domande. Stavo ore a guardarli, li trovavo semplicemente perfetti. Erano delle miniature dei bicchieri usuali, e ai miei occhi non potevano che essere bicchieri per bambole. Cosa se ne facevano gli adulti di quei bicchieri così piccoli? Quante volte avrebbero dovuto riempirli prima di dissetarsi?

Ero così affascinata che in quegli istanti non mi importava più di nulla. A quel punto mi interessava solo giocare. Li tiravo fuori dall'armadietto uno per uno con molta cautela; erano fragili e delicati e io ne ero consapevole. Li maniavo e li pulivo passando una pezza prima all'interno, poi all'esterno. Facevo finta di berci chissà quale pozione, poi li rimettevo a posto.

Tuttora ridare ai bicchieri la loro trasparenza originaria e poterci guardare attraverso è una sensazione piacevole: la polvere camuffa la lucentezza del vetro e lo spegne.

Passarono anni prima che scoprissi che i "bicchieri delle bambole" erano in realtà destinati ai liquori che si sorseggiano a fine pasto per il loro effetto digestivo, ben graditi dopo le grandi abboffate. Trattandosi per lo più di bevande dal notevole grado alcolico, ne bastano pochi volumi affinché si facciano sentire. Ecco spiegata la piccola caratura di quei bicchieri.

Anche sciolto quel dilemma l'attrazione nei confronti dei bicchieri non è passata. Pulirli resta per me un passatempo, per quanto insolito. Quando ho bisogno di rilassarmi o di riflettere prima di prendere decisioni importanti, apro quegli armadi impolverati e pulisco bicchieri. E lo faccio per ore. È strano, ma ogni volta ho come la sensazione che ci sia qualche pezzo nuovo, mai visto (forse dimenticato), oppure che me ne sia sfuggito qualcuno. Sembrano avere una voce, sembrano evocarla nella loro partitura di cristallo. C'è in me un po' di Alì Babà alle prese col luccichio del suo tesoro e c'è un po' del direttore d'orchestra.

Dopo tanta luce, dopo tanta musica, li rimetto tutti in ordine e mi sento meglio. Pulire e rassettare fa bene alla mente e aiuta a pensare, o per lo meno su di me fa questo effetto.

Con la loro fragilità e la loro sensibilità, i bicchieri trasmettono un'energia positiva e un senso di tranquillità. Ne comprerei per qualsiasi occasione e vorrei avere spazio per collezionarne sempre di più.

Che bicchieri usare a tavola è un esame che finisce per distrarmi addirittura dai commensali. Mi capita a volte nel fine settimana di passeggiare per i mercatini di Palermo e di fermarmi dai robavecchiari a comprare antiche coppette di cristallo, a volte pezzi unici appartenenti a vecchi servizi di chissà quale famiglia, vissuti in chissà quale casa; unici superstiti di un servizio che è stato smembrato, magari per questioni d'eredità, o che è andato in frantumi. Di solito si trovano nelle bancarelle pezzi singoli o al massimo in coppia, che io poi mi diverto ad assemblare con altri bicchieri di diversa provenienza. Fantastico immaginandone l'origine, la storia e tutto il percorso fatto prima di finire lì in mezzo a mille altre cianfrusaglie. Cosa c'è stato bevuto prima? E da chi? Quando sono stati usati per l'ultima volta?

I servizi misti hanno la loro dignità: basta accostare pezzi appartenuti a servizi diversi ma utilizzati per la stessa funzione. In fondo la bellezza sta anche nella disomogeneità. Non sono rari i casi in cui assegnare a ogni ospite un bicchiere diverso scatena in me la magia di un accostamento misterioso, che magari finisce per rivelare un tratto ignoto del carattere.

Il vetro

Durante la Seconda Guerra Mondiale la casa di villeggiatura di Mosè era stata colpita, ma per fortuna non distrutta, dalle bombe degli inglesi e degli Americani sbarcati a Licata nell'estate del 1943. Dieci anni dopo i miei genitori vollero rimetterla a posto per trascorrervi i mesi estivi. L'arco della torre normanna, inglobata nella costruzione ottocentesca, ritornò alla propria gloria e così il resto della casa restaurata.

Mancavano i mobili e le suppellettili, fatta eccezione per i due enormi armadi della cucina. A quel punto intervennero i fratelli di mamma, che s'erano trasferiti uno a Palermo e l'altro a Roma in appartamenti moderni ben più piccoli di quelli di Agrigento in cui avevano vissuto prima della guerra. Le regalarono quanto abbondava o a loro non serviva più: mobili, quadri, tappeti, biancheria di casa e servizi da tavola.

Io aiutavo mamma ad aprire le casse piene di posate, piatti e bicchieri – l'arredo della tavola. C'erano servizi di piatti con fiori, tralci, disegni geometrici, e posate dai manici inconsueti; ma la mia passione erano i bicchieri, in particolare, quelli contenuti in un baule su cui era stato scritto: *bicchieri e bottiglie di cristallo –particolarmente fragili.*

Ricordo la mattina assolata del giorno dell'arrivo di tutta quella roba, in un camion. Mamma mi aveva chiamata per "aiutarla", ma in realtà sapevamo ambedue che era parte della mia educazione di padrona di casa. Si lavorava assieme a Francesca, la cameriera di mamma, nell'anticucina, dove erano state portate le casse. Mamma e Francesca tiravano fuori i bicchieri dalla cassetta o dal baule in cui erano stati conservati, li liberavano uno a uno dalla carta in cui erano stati avvolti e li poggiavano sui tavoli. Il mio compito era di raccogliere in un sacco la carta, destinata a nutrire la caldaia dell'acqua in cucina.

Imparai presto a riconoscere i bicchieri da tavola – immancabilmente bianchi, con base rotonda, quadrata o a calice, di vetro riciclato o soffiato, con il bordo decorato con disegni geometrici o floreali. Ricordo la mia meraviglia quando vidi per la prima volta un bicchiere dal bordo argentato!

In alcuni servizi c'erano tre o quattro bicchieri da vino. Non capivo a che servissero. Mamma mi spiegava che certi tipi di vino e liquore richiedono un bicchiere speciale. Io avevo assaggiato il vino una volta soltanto, e per quello che ne sapevo era bianco o rosso a seconda del colore dell'uva da cui proveniva.

«Ma per l'acqua non ci sono bicchieri speciali!» esclamai. «Perché per il vino sì?»

«Il vino viene da svariati tipi di uva; dopo la spremitura viene messo a riposare in botti diverse, a temperature diverse e per periodi diversi. Allora cambia: certe volte diventa dolce, altre volte amaro. In certe botti fa bollicine. Allora il vino è pronto per essere bevuto. Ogni tipo di vino ha un bicchiere di forma diversa, e dà cuntintizza a chi lo beve moderatamente. Troppo vino fa male e porta il vomito; certe volte le gambe diventano molli!» disse mamma seria. E poi: «Ma voi bambini bevete soltanto la spremuta di uva, che non ha alcol!».

«Questo è il calice per un vino francese che viene da una regione chiamata Champagne!» disse a un certo punto, e mi mostrò un bicchiere stretto e alto, con uno stelo dritto dritto che univa la base rotonda al calice. «Si beve per le occasioni importanti e felici, per esempio quando sei nata tu!» e mi stampò un bacio sui capelli.

Da allora non aprii più bocca, la cuntintizza di essere stata accolta con una coppa di quel vino, appena nata, mi inorgogliva, mi faceva sentire speciale, e continuai diligentemente ad aiutare la mia mamma. Prendevo delicatamente i bicchieri incartati dalla cassa e li posavo sul tavolo, uno a uno, accanto ai loro "compagni", sotto il suo sguardo attento. Conobbi così non soltanto i bicchieri a calice dal gambo lungo lungo, ma quelli panciuti su stelo sottilissimo. «Sono così panciuti perché il loro vino viene da Bordeaux; è rosso, forte e invecchiato per anni: nei bicchieri panciuti prende ossigeno» spiegava mamma.

Certi bicchieri erano dedicati a un vino o un liquore soltanto, come quelli a coppa per lo champagne, il solo vino che avessi assaggiato nella mia vita, al battesimo della mia sorellina minore.

C'erano anche bicchieri dal calice stretto e lungo per i liquori, e quelli quadrati e pesanti per un liquore inglese chiamato whisky. Le coppe erano decorate con disegni a zig zag, a fili paralleli, a fili attorcigliati, perfino a quadratini – sembrava un disegno leggero creato con una penna di ferro appuntita. Anche la decorazione di alcuni gambi dei calici era sorprendente: pareva che fossero stati attorcigliati dei tubicini di cristallo; talvolta erano persino colorati di rosso, verde e blu.

Poi mamma aprì una scatola lunga e stretta e ne estrasse dei bicchieri dal calice a forma di fiore: «Per lo sherry, un liquore inglese». E poi i bicchieri di Boemia, bassi e rotondi con un bordo di fiori celesti, e quelli da rosolio, larghi e dalla forma triangolare, con il bordo di vetro ricoperto di una sfoglia d'argento. Tra questi ne ricordo uno in particolare, con il calice in vetro inciso e una base d'argento sbalzato e tanto di manico. «Cristallo di Boemia» disse mamma, mettendomelo in mano. Io carezzavo quel vetro sottilissimo e brillante, le foglie incise sulla base d'argento, conscia di toccare qualcosa di speciale, e fremevo. Da quelle scatole emersero altri bicchieri colorati di rosso, di blu, di verde, di giallo, alcuni piccoli e tozzi, altri più larghi ma sempre rotondi: erano «bicchieri per i liquori, anche questi vengono dall'Europa centrale».

L'ultima scatola conteneva bicchieri ottomani di porcellana bianca o di vetro colorato, ciascuno con un coperchio di metallo sbalzato molto decorato e una base dello stesso metallo, con un manico anch'esso sbalzato. «Questi bicchierini, diffusi nei Paesi dell'Impero ottomano, Grecia, Turchia ed Egitto, erano stati portati in regalo alla tua nonna dal suo fratello maggiore, che amava viaggiare nei Paesi mediterranei.»

Il piacere di bere

Quello di bere è un piacere che ci riserva l'età adulta, quando siamo abbastanza responsabili da poter affrontare gli effetti dell'alcol, e ci si lascia andare leggeri quanto basta (Ah! Questo q.b. mi segue dappertutto!) per godersi una bevuta in compagnia.

L'ora dell'aperitivo è divenuta da anni un vero e proprio appuntamento e ha creato una consuetudine che non conosce limiti di età: l'aperitivo mette d'accordo tutti. È un'occasione di unione e di confronto. Segna il momento di stacco, di fine lavoro, quando non si desidera altro che puro relax e ci si può allontanare dalle fatiche diurne per godere della compagnia degli amici. Ecco allora drink e stuzzichini: un momento di frivolezza in cui cullarsi.

I locali in cui si beve hanno di solito le luci soffuse: è il bancone illuminato a dominare la scena, è lui ad attirare l'attenzione di chi entra. È come salire su un palcoscenico dove, all'apertura del sipario, tutto è perfetto, in ordine, pronto a essere vissuto. Il mio primo sguardo va ai bicchieri, appesi per il gambo a testa in giù in filari o impilati l'uno sull'altro sullo scaffale. Lucidi, fiammanti, cristallini, di una trasparenza impeccabile, forme diverse per bevande diverse, la veste perfetta per ogni drink. Coppe e coppette per le bollicine e gli short drink, cocktail serviti senza ghiaccio e racchiusi in pochi volumi: questa forma di bicchiere, oltre a spiccare per eleganza, esalta i profumi e i colori della bevanda e permette di mantenerla fresca, dal momento che le coppe si reggono dallo stelo. A seguire, i classici bicchieri da long drink, nella versione alta e in quella bassa, grandi e capienti, di vetro spesso, adatti a contenere più grandi volumi di liquido e il ghiaccio (io ci bevo il mojito). E ancora i calici da vino, dallo stelo lungo alla cui estremità si apre l'ampolla: sono più ampi e tondeggianti, per permettere al vino rosso di respirare e ossigenarsi; per apprezzare la brillantezza del vino bianco sono più adatti invece bicchieri allungati e snelli, come il flûte, calice alto e stretto usato di solito per lo spumante. Infine, sullo sfondo, separati dal resto dei bicchieri e a volte in uno scaffale apposito, i bicchierini da liquore o da amaro, alcuni con gambo e altri senza, piccoli e perfetti.

A proposito del flûte, io nutro una vera e propria antipatia per quel calice così scomodo – tanto che il naso a volte fa da impedimento alla bevuta – e così anni Ottanta, ma me ne devo fare una ragione.

Un bancone da bar è affollatissimo di strumenti, congegni, ammennicoli e ogni sorta di ingredienti: preparare un drink non è cosa da poco ed è un'abilità che a un attento osservatore non sfugge.

Ci sono le spezie racchiuse nei loro contenitori per conservarne gli aromi, le piante aromatiche, l'immancabile menta fresca a mazzetti (la più utilizzata tra le erbe in miscelazione). Ci sono le fette di arancia e limone disidratati usati come guarnizione, nella loro semplice eleganza. E poi c'è il ghiaccio, spesso trascurato, che è invece una parte fondamentale, poiché condiziona la resa del drink, influenzandone la diluizione. Va bene in tutte le sue forme, cubetti, blocchi unici e sfere, purché sia un ghiaccio di qualità e non si sciolga in fretta. Non possono mancare le cannucce e i bastoncini di legno per tenere olive o altro dentro il bicchiere.

E infine le vere protagoniste: le bottiglie di vini e distillati, di succhi e di toniche, di sciroppi ed estratti, spesso fatti a mano. Il tutto intervallato dai curiosi attrezzi del mestiere, di solito in acciaio lucido: shaker, pestello, misurino, colino.

Dietro il bancone il barman si muove con grazia e coordina-

zione, sembra danzare in mezzo a tutte quelle bottiglie di distillati, vini e liquori. Lo osservo attenta, seguo ogni movimento e cerco di scoprirne le dinamiche, tutti quei passaggi che portano al risultato finale.

Quando mi è possibile preferisco consumare il mio drink seduta sugli sgabelli alti: pochi posti ma in prima fila. Da lì mi godo lo spettacolo degli shaker che si muovono a ritmo frenetico, con quel rumore incalzante di ciottoli, di nacchere, di grandine che produce il ghiaccio agitato dalla sapiente mano del barman; shakera fino a quando gli ingredienti del cocktail non sono ben miscelati tra di loro e pronti a essere filtrati e versati nel bicchiere più adatto, già messo a raffreddare nel ghiaccio.

Su quegli sgabelli, oltre che osservare, posso anche interagire in modo diretto con il barman facendo domande, domande, domande, per appagare la mia sete di sapere e sapori. A volte invece è lui a fare domande, poche e mirate, per captare il desiderio di chi beve in quel momento e magari preferisce ordinare all'impronta un cocktail fuori lista.

I barman o le barlady sono tradizionalmente persone che sanno parlare e amano farlo. Preparano, confezionano e lasciano scivolare dall'alto le loro meravigliose alchimie, ma spesso sono al contempo grandi intrattenitori.

Il cinema ci ha fatto conoscere barman filosofi, confidenti preziosi di infelici e solitari consumatori, campioni di saggezza del vivere, consolatori di cuori infranti.

Quello dei cocktail è un mondo misterioso e affascinante. Pieno di aneddoti che raccontano le origini, vere o presunte, dei drink famosi: come e dove sono nati, chi ne è il "padre", perché si chiamano così... Storie dai fitti intrecci che a volte risultano discordanti nelle loro innumerevoli versioni mutate nel tempo, passate di bocca in bocca, da orecchio a orecchio. Mi affascina sapere che dietro quei pochi millilitri c'è uno studio attento e ricercato e in molti casi una storia, un aneddoto da raccontare.

I cocktail, un tempo confinati dietro le quinte, hanno radici in un passato lontano, addirittura nel Diciannovesimo secolo. Da allora ne hanno fatta di strada: si sono evoluti, sono cambiati, si sono raffinati e hanno saputo adattarsi alle mode e ai tempi per mano dei loro creatori: i bartender.

Ogni drink ha una sua storia da raccontare, per chi volesse ascoltarla.

Brindisi di congedo

E ora, come abbiamo cominciato, chiudiamo. Insieme. E, finalmente, levando il calice. In fondo questo libro era nato qualche anno fa come un libro sui drink. Ci siamo chieste quanto piacere fosse annidato nel rito o, se si vuole, nella cerimonia del bere, quanta arte ci fosse nella creazione di quelle bevande (alcoliche e non) che siamo soliti chiamare "aperitivi". Ci toccava il tema dell'ora dell'aperitivo, ora crepuscolare, per lo più, ora di transito, ora come sospesa fra due mondi, fra il tempo del lavoro e la dimensione famigliare, coniugale, amicale della cena. Ci siamo trovate a pensare come quel rito leghi le generazioni giovani a una tradizione ricchissima, attraverso formule e costumanze molto diverse ma ricche di rimandi e consonanze. Non solo: c'era anche il tema dell'inclusività culturale e geografica. Basti pensare, senza troppo scandagliare nella ricchezza dei cocktail, al successo di un long drink come lo spritz, austroungarico di nascita e ormai planetario. Dietro a tutto questo incantato percorso di delibazioni, siamo arrivate a una sensazione più ampia e più articolata che da quel piacere così particolare risaliva alla quieta meraviglia di tutte le "piccole ragioni della bellezza del vivere". Meraviglia che l'impasto della parola cuntintizza contiene tutta.

Appena nominato, quante storie ha evocato lo spirito

della cuntintizza! Ci siamo trovate nel bel mezzo della nostra memoria, ci siamo riviste al di qua e al di là del bel terrazzo che è stato per tanti anni come un ponte lanciato fra le nostre vite, fra le nostre età, fra le nostre campagne, fra Londra e Palermo.

Siamo venute raccogliendo le briciole delle "piccole ragioni" come formiche del racconto.

Abbiamo cercato di condividere molto.

E a questa piccola patria comune, all'incanto della cuntintizza leviamo ora il calice.

Arrivederci.

Simonetta
Costanza

Le persone

FRANCESCO AGNELLO GANGITANO, padre di Simonetta

ELENA GIUDICE, mamma di Simonetta e Chiara, pro-zia di Costanza

TERESA, sorella di Elena, nonna di Costanza e zia di Simonetta

MARIA, nonna materna di Simonetta e bisnonna di Costanza

GIOVANNI, fratello maggiore della mamma di Simonetta

CHIARA, sorella di Simonetta

SILVANO, figlio di Teresa Giudice, cugino di Simonetta e padre di Costanza

TERESA, mamma di Costanza

GIUSEPPE, fratello di Costanza

GASPARE, figlio di Giovanni Giudice e cugino di Simonetta

PEPPINELLO, fratello minore di Elena, zio di Simonetta e di Silvano

PEPPINO, marito di Teresa e zio di Simonetta

I luoghi di Simonetta

Casa di Agrigento
Ad Agrigento gli Agnello vivevano all'ultimo dei tre piani di un palazzo di fine Ottocento affacciato sulla via centrale della città, via Roma. Da lì si godeva di una spettacolare vista sul mare e sulla Valle dei Templi.

Casa di Palermo
Gli Agnello si trasferirono a Palermo nel '57, quando Simonetta aveva tredici anni, per farle frequentare il Liceo Ginnasio "Garibaldi". Vivevano in un appartamento in via XX Settembre, all'interno di Palazzo Dato, uno tra i più belli di Palermo, con la sua facciata liberty. Affittavano da una nipote di zia Giuseppina Agnello Dara, che viveva nel piano nobile.

Campagna di Mosè (Agrigento)
Mosè apparteneva a un'opera pia e dunque era attrezzata sulla base delle esigenze dei religiosi: bellissimi ulivi centenari per l'olio d'oliva, mandorli e pistacchi per i dolci, carrube per lo zucchero e campi di grano per il frumento, oltre a frutteti e piccoli vigneti, tutto a uso dei monaci. Non era un feudo, ma vista la grandiosità della torre normanna costruita mille anni prima in passato doveva trattarsi di un

possedimento di centinaia di ettari. Nella cappella in cui si celebrava la messa c'è ancora oggi un bellissimo quadro della visita dei Re Magi. Adesso Mosè è un agriturismo con tanto di piscina per disabili di cui si occupa Chiara, la sorella di Simonetta.

Cannameli
Era un ex feudo collinoso degli Agnello, situato tra Siculiana e Porto Empedocle. Vi sorgeva una grande casa di villeggiatura degli Agnello, purtroppo danneggiata dai bombardamenti. Un fiume sulle cui sponde crescevano le canne garantiva l'approvvigionamento d'acqua per gli animali e la famiglia. Quando Simonetta lo conobbe, Cannameli era abbandonato. Il solo rumore era il gorgogliare dell'acqua che scendeva verso il mare.

I luoghi di Costanza

Campagna di San Basilio (Caltagirone)
La casa di campagna dista una ventina di chilometri circa
da Caltagirone. È un ex monastero situato su un'altura in
collina, in una posizione strategica, come tutti i monasteri
basiliani. La struttura risale ai primi del Trecento e appartiene alla famiglia di Costanza da inizio Settecento.

Casa di Palermo
È la casa in cui Costanza è nata e cresciuta.

Ringraziamenti

Ringraziamo Mondadori, nelle persone di Alberto Rollo per il costante, attento e generoso sostegno professionale e la consueta competenza, e Lara Giorcelli per l'attenzione al dettaglio e i saggi suggerimenti, e infine l'ufficio stampa della Mondadori per il supporto professionale.

Un particolare ringraziamento è dovuto a Giuseppina Pasciuta, straordinaria creatrice di abiti e di arredi, e parente "ritrovata" di Simonetta, che da decenni è fonte di ispirazione per Costanza Gravina per la sua disponibilità, la sua professionalità e la sua generosità.

Ringraziamo Maria Papè di Valdina – nella cui casa a Palermo Simonetta ha completato ancora una volta la stesura dei suoi scritti, e poi li ha confrontati con quelli di Costanza – per l'affetto e il supporto di sempre, particolarmente apprezzato nei tempi ingrati del Coronavirus.

Costanza desidera inoltre ringraziare il professore Giacomo Pace Gravina per l'utile contributo sui cenni storici in merito a San Basilio. I suoi genitori, Silvano e Teresa Gravina di Comitini, per aver messo a disposizione casa loro per qualunque esigenza e circostanza e per il considerevole supporto. L'intero staff della farmacia Lumia per la disponibilità e la flessibilità nel cambiare i turni in base alle esigenze del libro. Le amiche e gli amici che, anche se non menzionati personalmente, sono una presenza importante e una fonte d'ispirazione costante.

Indice

LA CUNTINTIZZA VIENE MEGLIO
QUANDO SI È SOLI

PERSONE

LA CASA SEGRETA

Intermezzo

LE BUONE CONSUETUDINI

Secondo intermezzo

CUNTINTIZZA E SCUNTINTIZZA

LUOGHI INNAMORATI, VETRI INNAMORATI

MISTO
Carta da fonti gestite
in maniera responsabile
FSC www.fsc.org   **FSC® C115118**

Mondadori Libri S.p.A.

Questo volume è stato stampato
presso ELCOGRAF S.p.A.
Stabilimento - Cles (TN)

Stampato in Italia - Printed in Italy